A BIENTÔT 2

Französisch für Erwachsene

Neu

Arbeitsbuch

Von
Christel Klose und
Dominique Morin-Schilling

unter Mitwirkung und Leitung
der Verlagsredaktion
Weiterbildung Fremdsprachen

Ernst Klett Verlag für Wissen und Bildung
Stuttgart · Dresden

Inhalt

Übung mit Lesetext — Übung mit Hörtext — Übung zum freien schriftlichen Ausdruck

Vorwort

Dieses Arbeitsbuch bildet eine Ergänzung zum Lehrbuch A bientôt 2 – Neu.
Es kann in doppelter Weise genutzt werden: Einmal ist es für das selbständige Üben zu Hause entwickelt worden, zum Nachbereiten der Unterrichtsstunden und zum Wiederholen des Gelernten. Zum anderen kann der/die Kursleiter/in Übungen aussuchen, die ihm/ihr in einer bestimmten Phase des Lernprozesses wichtig erscheinen und sie im Kurs einsetzen oder als Hausaufgabe vorschlagen. Bei der Erstellung der Übungen sind weitgehend authentische Dokumente als Ausgangsmaterial gewählt worden. Stets hatten Themen und Situationen den Vorzug, die möglichst viel über die Lebensgewohnheiten der Franzosen aussagen. Die Übungen sind ausschließlich in schriftlicher Form zu lösen. Das Üben der mündlichen Fertigkeit des Sprechens bleibt dem Lehrbuch und dem Unterricht im Kurs überlassen.

Die Übungen sind – dem Lehrbuch entsprechend – nach Sections geordnet, wobei die Themenbereiche durch neue Situationen erweitert wurden. Im Inhaltsverzeichnis finden Sie Vorschläge, nach welcher Übung oder nach welchem Text des Lehrbuches Sie die jeweiligen Übungen bearbeiten sollten.

Das Arbeitsbuch enthält Übungen, die **Wortschatz**, **Redemittel** und **Grammatik** aus dem Lehrbuch wiederholen und einüben. Sie können ohne die Hilfe des Kursleiters/der Kursleiterin oder der Mitwirkung anderer Teilnehmer/innen gelöst werden.

Ferner gibt es Übungen, die zum **freien Ausdruck** führen. Hierzu erhalten Sie Hilfe durch thematische Vorgaben. Bei diesen Übungen sollten Sie beachten:

- Halten Sie sich an diese Vorgaben und schweifen Sie nicht unnötig vom Thema ab.
- Bilden Sie einfache, kurze Sätze.
- Vergessen Sie bei Briefen nicht Datum, Anrede und Schlußformel.

Lösungen zu diesen Übungen können verständlicherweise nur als Vorschläge verstanden werden. Bitten Sie deshalb Ihre/n Kursleiter/in, Ihre Arbeit zu korrigieren.

Eine andere Gruppe von Übungen dient der Schulung des **Hörverstehens**:
Die Hörtexte sind auf Cassette aufgenommen und nicht im Arbeitsbuch abgedruckt. Es ist wichtig zu wissen, daß es bei diesen Übungen nicht darauf ankommt, sofort Wort für Wort zu verstehen. Es ist vielmehr sinnvoller, dem Text Informationen zu entnehmen und diese dann – Schritt für Schritt – zu einem Sinnzusammenhang zu verbinden. Gehen Sie deshalb folgendermaßen vor:

- Hören Sie den ganzen Text zweimal. Dabei werden Sie feststellen, daß Sie schon beim zweiten Anhören wesentlich mehr verstehen als beim ersten Mal.

- Lesen Sie die Aufgaben und hören Sie nochmals die Cassette in mehreren Abschnitten. Widerstehen Sie dabei der Versuchung, den Text Satz für Satz zu hören, um jedes Wort zu verstehen. Sie haben das Lernziel schon erreicht, wenn Sie die richtigen Antworten finden. Bedenken Sie, daß Sie in einer normalen Situation in Frankreich eine Information, z.B. eine Durchsage, nur einmal hören können und doch das Wichtigste verstehen müssen.

- Hören Sie zum Schluß noch einmal den ganzen Text.

Schließlich gibt es Übungen zum **Leseverstehen**:
Auch hier geht es nicht in erster Linie darum, daß Sie einzelne Wörter und Begriffe genau verstehen und sofort die entsprechende Bedeutung in Ihrer Muttersprache finden. Versuchen Sie deshalb, zuerst über unbekannte Wörter hinwegzulesen, Sinnzusammenhänge aus dem Kontext zu erschließen und so den Text in großen Zügen zu erfassen. Dabei werden Ihnen die dem Text zugeordneten Übungen helfen.

Und so sollten Sie beim Lesen vorgehen:

- Lesen Sie den ganzen Text zweimal, ohne sich mit Einzelheiten aufzuhalten.
- Lesen Sie dann einzelne Abschnitte und lösen Sie die Aufgaben.
- Lesen Sie den Text noch einmal im ganzen.

Die Hör- und Lesetexte enthalten wenig unbekannte Wörter. Wörter, die in der entsprechenden Section des Lehrbuches noch nicht vorkommen, aber zum Verständnis notwendig sind, werden erklärt. Wörter, die aus dem Deutschen zu erschließen sind oder von schon bekannten französischen Begriffen leicht ableitbar sind, werden allerdings nicht übersetzt. Dasselbe gilt für Wörter, die nicht direkt zum Verständnis des behandelten Themas beitragen. Der Gebrauch eines einsprachigen Wörterbuches kann durchaus hilfreich sein. Zu einem zweisprachigen Wörterbuch sollten Sie möglichst erst dann greifen, wenn Sie den Text im ganzen verstanden haben und es Ihnen darum geht, die genaue Bedeutung bestimmter Wörter zu überprüfen.

Wir wünschen viel Erfolg mit dem Arbeitsbuch!

1. Qu'est-ce qu'une «rachipame»?

Remettez dans l'ordre les lettres des cinq mots ci-dessous et vous trouverez cinq mots que vous connaissez.

a) némidec: ______________________
b) eldama: ______________________
c) cannodrone: ______________________
d) rachipame: ______________________
e) dentémimac: ______________________

2. Trouvez pourquoi…

Exemple:
Sylvie ne peut plus manger de crème fraîche; Elle a mal au cœur*.

1. Bébé a pleuré* toute la nuit; Il a ______________________.
2. Je ne peux plus rien manger; ______________________.
3. Il a déjà pris trois cachets d'aspirine; ______________________.
4. Je ne bois plus d'alcool; ______________________.
5. Je ne peux plus parler; ______________________.
6. Elle doit porter des lunettes* de soleil; ______________________.
7. Il ne peut plus mettre sa chaussure; ______________________.
8. Jean ne peut rien porter de lourd*; ______________________.

* *j'ai mal au cœur* mir ist übel – *pleurer* weinen – *les lunettes f pl* Brille – *lourd, e* schwer

3. Ça y est: j'ai trouvé!

Lisez les définitions suivantes et devinez de quelle partie du corps on parle.

Exemple: Je la porte sur mes deux épaules; qu'est-ce que c'est? la tête

A vous maintenant:

1. J'en ai deux et ils vous regardent, Madame/Monsieur. ______________________
2. On en a deux fois dans sa vie, après il faut les acheter. ______________________

3. Ils portent tout notre corps. ______________________
4. «C'est pour mieux t'entendre, mon enfant»; on dit aussi que les murs* en ont. ______________________
5. J'en ai dix et vous aussi. ______________________
6. Quand on porte une mini-jupe, on les montre. ______________________
7. Ah! vous avez mangé trop de chocolat et bu trop de cognac. Il se fait sentir maintenant. ______________________

* *le mur* Wand

4. Service de garde le week-end

Nous sommes samedi. Vous regardez dans le journal pour savoir qui est de garde.*

BLOC-NOTES

Urgences

Gendarmerie ______ 94.65.02.36
CROSS-Méd. Toulon ______ 94.27.27.11
S.O.S. médecins ______ 94.31.33.33
Service médical ______ 94.93.99.00

Infirmière de garde

Appeler le commissaire ______ 94.65.01.39
Association infirmières ______ 94.38.54.20

Pharmacie

Berthod
21, av. des Iles-d'Or ______ 94.65.06.25

Vétérinaire

Drs Charlier-Loison
132, bd Bauchière,
Toulon ______ 94.24.45.75

Médecin

Tél. ______ 94.38.89.00

a) Votre fils/fille est malade. Quel(s) numéro(s) est-ce que vous appelez?

____

b) Vous devez aller chercher des médicaments. Où est-ce que vous allez?

____

c) Votre chien s'est blessé*. Où est-ce que vous téléphonez?

____

* *être de garde* Notdienst haben – *se blesser* sich verletzen

LITOXOL

Formule :

- Sulfaguanidine .... 0,45 g
- Salicylate d'aluminium .... 0,18 g
- Excipient q.s.p. .... 1 comprimé

Indications thérapeutiques :

- Diarrhées aiguës.
- Diarrhées chroniques à germes sensibles à la sulfaguanidine.

Contre-indication :

- Allergie connue aux sulfamides.

Précautions d'emploi :

- Boire abondamment.
- Ne pas associer avec des dérivés opiacés ou des sels de bismuth.

Mode d'emploi et posologie usuelle :

- Enfants :
  1 comprimé par 5 kg de poids par 24 heures, sans dépasser 6 comprimés par jour, en deux à trois prises.
- Adultes :
  8 à 12 comprimés par jour, en deux à trois prises.

Durée du traitement :

Diarrhées aiguës : 5 à 6 jours.
Diarrhées chroniques : 10 jours par mois.

Présentation :

Boîte de 20 comprimés.

Laboratoires SAUBA S.A.
260, rue de Rosny - 93104 Montreuil

Fructo-bétaïne®

SANDOZ

La FRUCTO-BÉTAINE associe le tartrate de bétaine, sel riche en bétaine, à un sucre naturel, le fructose (lévulose).

La BÉTAINE est connue comme un facteur lipotrope actif. La facile transformation du FRUCTOSE en glycogène permet d'augmenter les réserves énergétiques du foie.

L'activité thérapeutique de la FRUCTO-BÉTAINE, résultant de ses propriétés lipotrope et hépato-protectrice est confirmée par l'amélioration des signes cliniques et par les contrôles biologiques.

INDICATIONS

Signes digestifs liés à une insuffisance hépatique, stéatoses, pré-cirrhoses, ictères.

Troubles digestifs d'origine hépatique, en particulier : pituites, dyspepsies, inappétences.

MODE D'EMPLOI ET POSOLOGIE USUELLE PRÉCONISÉE

En général, deux ampoules par jour diluées dans un peu d'eau, pendant 10 à 20 jours, soit une ampoule le matin avant le petit déjeuner et une ampoule le soir avant le dîner.

Ces doses peuvent être augmentées suivant avis du médecin.

PRÉSENTATION

Boîte de 20 ampoules buvables de 10 ml.

DIVISION SANDOZ
LABORATOIRES SANDOZ S.A.R.L.
14, BOULEVARD RICHELIEU 92500 RUEIL MALMAISON
TÉL. 732. 03. 20 VISA Pc 25 L 184

5. Comment prendre ses médicaments?

Lisez rapidement la notice qui se trouve avec le médicament que vous a donné le médecin. Il n'est pas important de tout comprendre; vous devez seulement savoir comment prendre ce médicament. Essayez de répondre aux questions.

Litoxol:

a) Regardez les indications pour ce médicament et dites qu'est-ce qu'il soigne. Contrôlez dans un dictionnaire la signification du mot important ici.

____

b) Si vous prenez ce médicament, quelle est la première précaution* à prendre?

____

c) Regardez le mode d'emploi et dites combien est-ce qu'un adulte* peut prendre de comprimés par jour et en combien de fois.

____

Fructo-bétaïne: *Travaillez de la même façon et dites:*

a) qu'est-ce que ce médicament soigne;

____

b) combien est-ce qu'il faut prendre d'ampoules par jour;

____

c) quand est-ce qu'il faut les prendre.

____

* *la précaution* Vorsichtsmaßnahme – *l'adulte m/f* Erwachsene(r)

6. Quel docteur est-ce que vous pouvez m'indiquer?

Vous êtes en vacances en France. Vous ne vous sentez pas bien. Vous demandez l'adresse d'un médecin au patron de l'hôtel où vous êtes. Préparez les questions que vous voulez lui poser.

____

____

____

____

____

____

____

7. Chez le médecin

Lisez les questions puis écoutez le dialogue sur la cassette. Répondez ensuite aux questions.

vacciner impfen – *profond* tief – *la plaie* Wunde – *le sparadrap* Pflaster

a) Qu'est-ce qui est arrivé au jeune homme?

____

b) Est-ce qu'il est vacciné* contre le tétanos?

____

c) Est-ce que c'est grave?

____

d) Qu'est-ce qu'il ne doit pas faire?

____

e) A quel moment de ses vacances est-ce que cela est arrivé?

____

8. Qu'est-ce qui t'est arrivé?

Frédéric reçoit un coup de téléphone de son ami Guillaume qui veut savoir ce qu'il a fait pendant ses vacances.
Trouvez les questions que pose Guillaume. Utilisez «est-ce que», «qu'est-ce que» *et* «qu'est-ce qui». *(Pour vous aider, regardez la grammaire page 142 § 1).*

tu as fait

G: qu'est ce qui vous avez faites cet été ?

F: Eh bien, cet été, je suis retourné en Suisse. qui te plait

tu es

G: qu'est ce que vous aimez en Suisse ?

F: Ce qui me plaît, c'est la nature et la propreté* des villes. de bonne vacance

G: est-ce que vous avez ~~eu~~ beaucoup de plaisir ?

F: Oui et non, j'ai eu des petits problèmes.

G: qu'est ce qui t'est arrivé ?

F: On a forcé la porte de ma voiture.

G: qu'est ce que on l'a pris volé ?

F: Mon auto-radio et mon appareil photo. tu as

G: qu'est ce qui vous avez faite ?

F: Je suis allé au commissariat pour faire une déclaration de vol.

G: ~~Qu'est-ce que~~ on a retrouvé ?

F: Non, on n'a rien retrouvé.

* *la propreté* Sauberkeit

9. Vous écrivez souvent à vos amis?

Si c'est nécessaire, ajoutez la préposition «de» *ou* «à».

1. Je demande __à__ Pierre s'il a mon livre.
2. Il s'intéresse __à__ la politique.
3. Jeanne remercie ______ sa grand-mère pour la jolie robe.
4. Pascale s'occupe __de__ ses enfants, le soir.
5. J'aime ______ cette robe mais elle ne plaît pas __à__ mon mari.
6. Est-ce que tu as téléphoné __à__ ton père? je lui ai telefoné
7. Alain attend ______ Sylvia devant le centre Beaubourg.
8. Alain présente ______ Sylvia __à__ ses parents.
9. Excuse-moi, je n'ai pas répondu __à__ ta lettre. non je n'y ai repon
10. Maman, est-ce que tu as besoin __de__ ta voiture, ce soir? non je n'en ai pas besoin / Oui j'en ai besoin

10. Il ne s'intéresse à rien.

Répondez aux questions en utilisant «ne ... personne», «ne ... (plus) rien» *ou* «ne ... jamais».

Exemple: ~ Qu'est-ce que tu veux? Un fruit, une glace?

– Je ne veux rien.

1. ~ Tu vas souvent au cinéma?

   – ______________________________.

2. ~ Est-ce que tu as confiance en Dumour, toi?

   – ______________________________.

3. ~ Tu veux que j'invite les Matthieu pour le week-end?

   – (voir) ______________________________.

4. ~ Reprends donc des pommes de terre!

   – (manger) ______________________________.

5. ~ Ça ne va pas? Tu es malade?

   – (avoir) ______________________________.

6. ~ A quoi tu penses?

   – ______________________________.

7. ~ Vous faites souvent du sport?

   – ______________________________.

8. ~ Tu as téléphoné à tes parents ou à ta grand-mère?

   – ______________________________.

11. Ah! cet été ...

Les vacances sont finies. Claude raconte à ses collègues de travail comment il a passé l'été. Complétez par l'imparfait des verbes: «réveiller, aller, prendre, faire, déjeuner, jouer, retourner, prendre, s'habiller, dîner, aller danser».

Cet été, j'étais en vacances en Grèce. Le matin, le soleil nous ________________ lentement. Alors, mon fils et moi ________________ nager, puis nous ________________ notre petit déjeuner sur la terrasse. Ensuite, je ________________ de la voile de 9 heures à midi. Je ________________ à la cafétéria de la plage* avec ma femme. Après la sieste, je ________________ au tennis avec Gilles, puis on ________________ à la plage pour nager encore un peu. Vers 7 heures, je ________________ une douche et ________________ pour sortir. Nous ________________ en ville avec des amis puis nous ________________ à la disco de l'hôtel. Ah! ces vacances, dommage que ce soit fini* ...

* *la plage* Strand – *dommage que ce soit fini* schade, daß es vorbei ist

12. De mon temps ce n'était pas la même chose ...

Complétez par l'imparfait des verbes: «avoir (2x), rester, être, parler, faire, coûter, écrire, travailler, partir, raconter, pouvoir, rencontrer».

– Voyons grand-père, c'est plus drôle le monde d'aujourd'hui.

~ Oui, peut-être, mais de mon temps tout ________________ différent*. Aujourd'hui, les jeunes ne savent pas ce que signifie travailler. Nous, nous ________________ 10 à 12 heures par jour. A 20 ans, vous faites de grands voyages. Nous ________________ pas de vacances, ou alors nous ________________ dans la famille. Vous avez tous une voiture que vous ont achetée Maman et Papa. Nous ________________ des kilomètres à pied pour aller en ville. Pour un rien, vous téléphonez dans toute la France. Nous ________________ de longues lettres à nos amis. Cela ________________ moins cher. Le soir, vous allez au cinéma ou vous regardez la télé. Autrefois*, nous ________________ même pas l'électricité dans toutes les maisons. On se ________________ entre voisins et on ________________ des histoires, on ________________ de nos problèmes. Aujourd'hui, personne ne s'occupe plus de personne. De mon temps on ________________ compter* sur ses voisins et amis.

* *différent, e* anders – *autrefois* früher – *compter* zählen

13. Quand j'étais petit, je n'étais pas grand.

Racontez votre journée quand vous étiez enfant et que vous alliez à l'école.

14. Histoire en bandes dessinées

a) *Lisez l'histoire.*
b) *Résumez l'histoire en 3 ou 4 phrases simples.*

c) *Essayez de trouver un titre à l'histoire.*

* *la composition* Klassenarbeit

* *la goutte* Tropfen – *la piqûre* Spritze

1. Portrait-robot de l'ouvrier français

Ils ont peu de patrimoine*, ce qui est logique: ils se marient* souvent entre eux et font beaucoup d'enfants. Et, quand ils ont de l'argent, le livret de caisse d'épargne* reste leur «bas de laine*». Leurs appartements sont généralement petits et, dans deux sur trois seulement, il y a le chauffage central ou des radiateurs électriques. Le lave-vaisselle* est rare, mais dans presque toutes les familles, on trouve une machine à laver et surtout un congélateur*. Ils l'utilisent quand la viande et les légumes sont bon marché pour pouvoir les consommer quand ces produits sont plus chers. Ils mangent beaucoup de pain et de pommes de terre, mais peu de viande. Ils fument énormément.

Leurs loisirs*? Ils se lèvent très tôt et, un ouvrier sur cinq qui habite la ville, travaille la nuit. Le temps libre, c'est pour se reposer. Ils aiment rester chez eux. Ils dorment et regardent la télé. Devant leur poste de télé, ils consomment jeux et films, mais pas souvent les émissions littéraires. Ils passent beaucoup de temps à regarder des matchs de football sur un terrain de sports ou devant la télé. Et, ce qui est difficile à croire, 14% seulement des ouvriers qualifiés sont dans une organisation syndicale*, contre 25% pour les autres salariés.

Les ouvriers ne partent pas souvent en vacances. Et quand ils partent, avec une voiture achetée d'occasion, c'est généralement dans la famille, chez des amis ou vers des terrains de camping. Ils n'ont pas les moyens de faire autrement. Ils, ce sont les ouvriers français dont l'INSEE* a fait le portrait-robot.

D'après «Libération», 25 mars 1988

* *le patrimoine* (elterliches) Vermögen – *se marier* heiraten – *le livret de caisse d'épargne* Sparkassenbuch – *le bas de laine* Sparstrumpf – *le lave-vaisselle* Geschirrspüler – *le congélateur* Gefrierschrank – *les loisirs m pl* Freizeit – *l'organisation syndicale f* Gewerkschaftsorganisation – *INSEE* frz. Meinungsforschungsinstitut

2

Cherchez dans le texte les différents aspects du portrait-robot de l'ouvrier français. Notez dans la grille ce qu'on dit sur:

les appartements	
l'argent	
la famille	
le travail	
la nourriture et la santé	
les loisirs	
les vacances	

2. Noms de métiers

Complétez par la forme masculine ou féminine.

Exemple: boulangère – boulanger

1. conductrice – ______________
2. ______________ – journaliste
3. médecin – ______________
4. ouvrière – ______________
5. photographe – ______________
6. ______________ – acteur
7. ______________ – secrétaire
8. ______________ – vendeur
9. dentiste – ______________
10. ______________ – garçon
11. directrice – ______________
12. ______________ – infirmier

3. Ce qu'ils/elles font.

Quelle est la bonne définition?

1. Le boucher
   a) Il ne vend que de la viande. ☐
   b) Il vend de la viande, mais aussi du jambon, du pâté et des œufs. ☐
2. La femme de ménage
   a) C'est la mère de famille. ☐
   b) Elle aide à faire le ménage chez quelqu'un. ☐
3. L'acteur/l'actrice
   a) Il/Elle aime être actif/active. ☐
   b) Il/Elle joue dans une pièce de théâtre ou dans un film. ☐
4. Le douanier
   a) Il fait des émissions sur la douane à la radio. ☐
   b) Il contrôle les bagages. ☐
5. L'infirmier/l'infirmière
   a) Il/Elle soigne les malades. ☐
   b) Il/Elle dirige une firme. ☐
6. Le magasinier
   a) Il est vendeur dans un grand magasin. ☐
   b) Il s'occupe du stock. ☐

4. Petites annonces

Vous cherchez un emploi. Lisez les petites annonces parues dans «Nice-Matin» du vendredi 22 avril 1988.

Choisissez une offre et écrivez à l'annonceur en utilisant les éléments ci-dessous:

- où vous avez lu l'annonce;
- ce que vous pourriez faire, ce qui vous plairait comme travail;
- ce que vous avez fait jusqu'à maintenant;
- si vous avez le permis de conduire;
- où vous habitez;
- quand vous pourriez commencer;
- que vous aimeriez vous présenter.

Maison convalescence, 15 km Nice Nord : cherche urgent, une infirmière DE, temps partiel, une secrétaire sténo dactylo confirmée, mi temps. Ecrire Havas Média Régions Nice 165829.

Chauffeur tous permis, bricoleur, courageux, poste stable, centre Nice. Ecrire Havas Média Régions Nice 166079.

Société de nettoyage cherche hommes et femmes d'entretien sur 06, expérience exigée et possédant véhicule. Tél. 94.53.98.26.

Dépôt alimentaire Carros ZI, recherche chauffeur PL, pour restaurants, collectivités, grandes surfaces, connaissances Nice et environs indispensables. Ecrire Havas Média Région, Nice 165839.

grand **habitat**
VALLAURIS
recherche
UN RESPONSABLE DE RAYON
Envoyer C.V. et photo
chemin du Fuguière
06220 Vallauris (ne pas téléphoner)

Restaurant gastronomique, Saint-Raphaël, cherche chef-de-rang qualifié. Ecrire Havas Média Régions Saint-Raphaël 1070.

Parfumerie centre Nice, recherche vendeuse avec expérience minimum 3 ans, parlant anglais, espagnol, place stable à responsabilités. Ecrire Havas Média Région Nice 91136.

Importante société automobiles recherche vendeurs, magasiniers, comptables, mécaniciens, tôliers, peintres, expérience souhaitée. Ecrire Havas Média Régions Nice 165989.

5. Dernières informations

Dans le journal, vous lisez des informations non vérifiées. Mettez les verbes au conditionnel.*

Exemple: Du poisson pas frais vendu dans un supermarché:
Plusieurs personnes seraient (être) à l'hôpital.

1. Air Inter: Pilotes et mécaniciens __________ (devoir) reprendre leur travail ce matin.
2. A la fin du mois, le ministre de l'économie __________ (aller) en visite à Rome.
3. Il __________ (falloir) un capital de 4 milliards de francs pour financer les projets prévus.
4. Jean Brossard __________ (être) maintenant PDG du Groupe SECOM.
5. Explosion dans une usine: Il y __________ (avoir) 5 morts.
6. Le premier festival des TV françaises se __________ (tenir)* à Marne-la-Vallée, en août.
7. Ciné-Club: On __________ (pouvoir) enfin voir Michèle Morgan dans son tout dernier film.
8. Météo: Après une longue période de pluie, il __________ (faire) beau à la fin du mois.

* *non vérifiées* nicht bestätigt – *se tenir* stattfinden

6. Sortir du chômage*.

Voici une conversation entre deux jeunes hommes, Robert et Philippe. Mettez les verbes au conditionnel.

Exemple: Robert voudrait (vouloir) travailler après huit mois de chômage.

R: Robert *P:* Philippe

R: On vient de me proposer quelque chose, à 30 km d'ici.

P: Si loin? Moi, à ta place, je n'__________ pas (accepter). Je ne __________ pas (faire) tant de km chaque jour.

R: Bien sûr, je __________ (préférer) travailler plus près de chez moi.

P: Tu __________ (pouvoir) attendre encore un peu.

R: Je ne trouverai sûrement pas mieux. J'__________ (aimer) recommencer, c'est tout.

P: Je comprends; ce qui te __________ (plaire), c'est enfin un emploi bien payé, stable.

R: C'est ça. J'irai même habiter là-bas, s'il le faut. On verra bien.

* *le chômage* Arbeitslosigkeit

7. Un petit boulot pour Thierry

Thierry a 21 ans. Il doit travailler pour vivre. Un journaliste lui pose des questions. Essayez de les trouver.

J: journaliste *T:* Thierry

J: ____ ?

T: Oui, je fais mes études à la faculté de Médecine.

J: ____ ?

T: Quand je n'ai pas de cours.

J: ____ ?

T: Devant les Galeries Lafayette.

J: ____ ?

T: Je vends des pantalons. C'est très simple: 5 modèles, 3 tailles.

J: ____ ?

T: Je travaille 4 heures par jour, toujours le matin.

J: ____ ?

T: Depuis 3 mois déjà.

J: ____ ?

T: Oui, jusqu'à la fin de mes études, je pense.

8. Daniel n'est pas content.

Daniel ne travaille plus chez Pagaux. Il explique pourquoi.
Complétez le texte en utilisant «quelque chose de, quelqu'un de, personne de, rien de».

C'était un poste pour 4 mois seulement. Je voudrais ______________________ plus stable. Et pour moi, ce travail n'avait ______________________ motivant. Mon collègue avait toujours l'air de ______________________ très important. Il aurait préféré ______________________ plus âgé que moi. A vrai dire, il n'y avait ______________________ vraiment responsable dans ce bureau. Mais trouver ______________________ d'intéressant, ce n'est pas facile, c'est sûr!

9. On ne peut pas toujours faire ce qu'on veut!

Complétez par «ce qui» *ou* «ce que».

1. Elle s'intéresse beaucoup à ______________ son ami lui raconte.
2. En affaires, il faut toujours faire ______________ est rentable.
3. Je voudrais savoir ______________ tu vas faire.
4. Il travaille énormément. Son travail c'est ______________ l'intéresse le plus.
5. Elle fait toujours ______________ sa famille attend d'elle.
6. ______________ est vrai, c'est que les femmes travaillent de plus en plus.
7. En vacances, je fais ______________ me plaît.

10. Il pense à son travail.

Vous n'avez pas bien compris ce qu'on vient de vous dire.
Posez les questions en utilisant «quoi» *et en ajoutant* «de», «à» *ou* «pour», *selon le cas.*

Exemple: – Il pense à son travail.
~ Il pense à quoi ?
~ A quoi est-ce qu'il pense ?

1. – Elle s'intéresse à la condition féminine.
   ~ ______________ ?
   ~ ______________ ?
2. – Ils parlent des derniers événements politiques.
   ~ ______________ ?
   ~ ______________ ?
3. – Ça, c'est pour réparer la porte de l'atelier.
   ~ ______________ ?
4. – Au bureau, elle s'occupe du courrier.
   ~ ______________ ?
   ~ ______________ ?
5. – Il faut penser aux problèmes actuels.
   ~ ______________ ?
   ~ ______________ ?
6. – Ce produit, on l'utilise pour laver les machines.
   ~ ______________ ?
   ~ ______________ ?

11. La vie commence à 40 ans.

C'est souvent la même histoire. Le mariage*, les enfants. Les journées que l'on voit passer. Pourquoi continuer une activité professionnelle quand on a un mari qui gagne assez d'argent et quand les conditions de travail ne sont pas toujours compatibles* avec une vie de famille? On se retrouve «femme au foyer», «mère de famille»: le plus beau métier du monde. Puis, un jour, les enfants sont grands, la maison paraît vide, les journées n'en finissent pas. On en a assez d'être la femme «disponible»* puisqu'elle ne travaille pas. Et si, enfin, on faisait quelque chose «pour soi»? Les projets de jeunesse, les vieux rêves, les ambitions, il est encore temps de les réaliser, ou tout au moins d'essayer: c'est bien connu, la vie commence à 40 ans!

Voilà pour la version classique: le travail comme un plaisir. Mais ce qui est vrai aussi, c'est que beaucoup de femmes doivent gagner de l'argent: un divorce*, la mort du mari, un mari au chômage, des problèmes financiers. De toute façon, un grand nombre de mères de famille voudraient «prendre, reprendre ou continuer» une activité professionnelle.

* *le mariage* Ehe – *compatible avec* zu vereinbaren mit – *disponible* verfügbar – *le divorce* Scheidung

Lisez encore une fois le texte et indiquez si les arguments suivants sont vrais ou faux:

1. Beaucoup de femmes s'arrêtent de travailler quand elles ont des enfants.
2. Souvent, elles ne travaillent plus parce que gagner de l'argent n'est pas nécessaire pour elles.
3. Au début, ces femmes sont contentes de leur situation.
4. Puis, c'est trop tard pour recommencer.
5. Beaucoup de femmes sont obligées de retravailler.
6. Mais, on sait que la plupart des femmes ne veulent pas retravailler.

vrai	faux

12. Une affaire de famille

Joëlle M. travaille pour le plaisir. A 43 ans, mère de trois enfants, elle tient un magasin de confection pour enfants.

se consacrer à sich einer Sache widmen – *les travaux manuels m pl* Handarbeiten – *empêcher* hindern

Ecoutez le texte une deuxième fois et indiquez si les arguments sont vrais ou faux:

1. Joëlle M. travaille tous les jours.
2. Elle fait elle-même des modèles pour bébés.
3. A la maison, elle fait tout toute seule.
4. Ses filles travaillent au magasin s'il le faut.
5. Toute la famille est d'accord qu'elle travaille.
6. Elle doit de l'argent à la banque.
7. Prendre une employée ne l'intéresse pas.

vrai	faux

13. Une seconde vie comme médecin

Le docteur Marie-Josephe L. a repris ses études de médecine après son divorce.

Ecoutez le texte une deuxième fois et indiquez si les arguments suivants sont vrais ou faux:

s'inscrire sich einschreiben

1. Le docteur Marie-Josephe L. a arrêté ses études quand elle attendait son premier enfant.
2. Elle avait toujours voulu travailler comme médecin.
3. Autrefois, les filles apprenaient un métier pour le cas où elles auraient besoin de gagner de l'argent.
4. Elle a décidé de finir ses études à 47 ans.
5. Quand on fait des études tard, on doit bien organiser son travail.
6. Ses professeurs ne l'ont pas aidée.
7. Elle ne travaille qu'à l'hôpital.
8. Elle aime son métier.

vrai	faux

14. Deux portraits de femmes

Joëlle M. et le Docteur Marie-Josephe L. ont réussi une carrière assez tard.

Ecoutez les deux textes autant de fois que nécessaire et faites – en peu de mots – le «portrait» des deux femmes.

Joëlle M.

Exemple: Elle a 3 enfants, 2 filles et un garçon.

Docteur Marie-Josephe L.

Exemple: Elle s'est mariée jeune.

1. Vérifiez vos connaissances.

Faites correspondre les substantifs et les verbes pour retrouver les expressions.

le football, le cinéma, le sport, un roman, le piano, la télé, la piscine, le tennis, la gymnastique, le théâtre, une histoire, la voile, un reportage, la guitare

- aller au ______________________________
  à la ______________________________

- faire du ______________________________
  de la ______________________________

- jouer au ______________________________
  du ______________________________
  de la ______________________________

- lire ______________________________

- regarder ______________________________

2. Emploi du temps

Vous avez une semaine de vacances et vous avez décidé de rester à la maison car vous avez beaucoup de projets. Faites votre emploi du temps d'après les indications données.

1. Vous suivez tous les matins un cours intensif de français, sauf le week-end, bien sûr.
2. Vous voulez passer toute une journée avec vos enfants à la campagne.
3. Vous avez promis à votre vieille maman d'aller faire des courses un matin avec elle.
4. Vous voulez aller chez le coiffeur au début de la semaine, mais pas lundi puisque* c'est fermé.
5. Vous voulez laver la voiture juste avant le week-end.
6. Une amie vous a demandé de garder ses deux petites filles, deux après-midis. Vous avez accepté si ce n'est pas deux jours de suite*.
7. Comme toujours, vous allez faire de la gymnastique deux fois par semaine, avec un jour de repos* entre, mais surtout pas le week-end.

* *puisque* da – *de suite* hintereinander – *le repos* Pause

	matin	après-midi
lundi		
mardi		
mercredi		
jeudi		
vendredi		
samedi		
dimanche		

3. A l'agence de voyage*

Ecoutez le dialogue sur la cassette, puis répondez aux questions suivantes.

la visite guidée Führung – *l'étoile f* Stern

1. Pourquoi est-ce que la dame va à l'agence de voyage?

____

2. Combien est-ce qu'elle a de possibilités?

____

3. Quels sont les programmes proposés?

____

4. Qu'est-ce qui est compris dans le prix du voyage qui intéresse la dame?

____

5. Est-ce qu'elle décide tout de suite si elle fait le voyage ou non?

____

* *l'agence de voyage f* Reisebüro

4. Si j'avais 20 ans, j'essaierais de faire du cinéma.

Faites des phrases d'après l'exemple.

5. Quelle magnifique journée!

Imaginez que dimanche prochain est vraiment à vous: pas de travail, rien de spécial à faire, seulement ce que vous voulez. Racontez ce que vous feriez pendant cette journée. (Utilisez le conditionnel.)

6. Faits divers*

Lisez les titres des journaux et formulez les réflexions que vous faites.

Exemple: **Fenêtre ouverte: les voleurs* prennent tout ce qu'ils trouvent.**
(faire attention – passer)
Si on faisait attention, les voleurs ne passeraient pas par la fenêtre.

1. **Médicaments sur la table: un danger pour les jeunes enfants.**
(laisser – manger)

2. **Encore la vitesse: 50 accidents sur les routes ce week-end.**
(conduire – avoir)

3. **Chômage des jeunes: beaucoup quittent l'école sans diplôme.**
(avoir – être)

4. **Attention: l'alcool au volant peut vous coûter votre permis de conduire.**
(boire – perdre)

5. **Avions de plus en plus gros: augmentation du bruit près des aéroports*.**
(être – faire du bruit)

6. **Le tabac: 70.000 malades du cancer du poumon* par an.**
(fumer – avoir)

7. **La littérature intéresse peu les jeunes: ils préfèrent la télé.**
(regarder – lire)

* *les faits divers m pl* Verschiedenes – *le voleur* Dieb – *l'aéroport m* Flughafen – *le poumon* Lunge

7. Lecture pour tous

Vous aimez peut-être lire de temps en temps. Alors pourquoi pas un livre en français? Voici quelques titres avec un petit résumé. Pour savoir quel livre vous aimeriez lire, cherchez le livre qui:

1. parle de l'histoire d'un homme et d'une femme; ☐
2. raconte des aventures; ☐
3. est un roman d'amour; ☐
4. raconte les années de guerre; ☐
5. réfléchit sur les différences entre les deux sexes; ☐
6. parle de l'histoire de la France du 20e siècle; ☐
7. parle de la vie entre les deux guerres; ☐
8. est une sorte de reportage sur différents pays. ☐

a) Elisabeth Badinter
L'un est l'autre
Une réflexion sur les relations entre hommes et femmes: complémentarité? Opposition? Oppression? Egalité? Et plus actuellement, ressemblance des sexes.

b) Patrick Modiano
Dimanches d'août
A travers d'innombrables énigmes qui s'entrecroisent, un roman d'amour se dessine, empreint d'un charme qui hante le lecteur pendant longtemps.

c) Jean Genet
Un captif amoureux
Souvenirs-reportage à la suite de visites en Grèce, au Japon, chez les Panthères noires et principalement parmi les Palestiniens.

d) Jean d'Ormesson (de l'Académie Française)
Tous les hommes en sont fous
Un roman sur les passions et les rêves de l'entre-deux-guerres. Une grande fresque historique et sentimentale.

e) J. M. G. Le Clézio
Le chercheur d'or
Ce récit s'inspire des aventures vécues de son grand père dans l'Océan Indien. Un de nos plus grands écrivains contemporains.

f) Marguerite Duras
La douleur
Journal inédit des années de guerre, retrouvé 40 ans plus tard. Un récit poignant à la mesure de son talent.

g) France Huser
La chambre ouverte
Une jeune femme en éveil; une jeune femme à prendre. Un homme: bourreau? Victime? Complice en tout cas. La Chambre Ouverte révèle une romancière.

h) Fernand Braudel
L'identité de la France
– Espace et Histoire –
Ce grand historien nous livre les clefs de l'histoire de France: un voyage dans une France multiséculaire pour saisir les forces et les méandres, irréductibles, de la France du XXe siècle.

Dans: Librairie Française GmbH, Berlin

8. Programmes de cinéma

Vous voulez aller au cinéma avec votre famille. Vous faites le numéro de téléphone du cinéma «La Bastille» pour vous renseigner sur les programmes. Ecoutez l'annonce du répondeur automatique.*

Choisissez maintenant le film qui vous intéresse et écoutez la cassette une deuxième fois. Répondez aux questions.

1. Vous ne pouvez pas arriver avant 20h40.

   A quelle séance* est-ce que vous pouvez aller? Est-ce que vous allez voir le début du programme?

   ____

   ____

   ____

   ____

2. Si vous y allez un samedi, quel est le prix de l'entrée?

   ____.

Distribué par Forum Distribution en France

Distribué par 20th Century Fox, Paris

* *le répondeur automatique* automatischer Anrufbeantworter – *la séance* Vorstellung

Distribué par Warner Bros, Paris

9. Faites une proposition*.

Exemple: Vous avez envie d'aller au cinéma. Vous demandez à votre mari/femme si il/elle veut venir avec vous:

On va au cinéma, ce soir?
Si on allait au cinéma, ce soir?
On pourrait aller au cinéma, ce soir?

A vous maintenant de formuler pour chaque situation les trois propositions possibles.

1. Vous aimez bien manger et vous voulez faire du coq au vin.

______

______

______

* *la proposition* Vorschlag

2. Vous aimeriez faire un peu de footing avant le dîner.

3. Vous proposez à votre voisin(e) de cours d'aller ensemble au café.

4. Votre voiture est très vieille et vous proposez à votre mari/femme d'en acheter une nouvelle.

5. Vous prévoyez de partir en vacances en Corse avec un(e) ami(e).

6. La nouvelle exposition de dessins, en ville, vous intéresse beaucoup.

7. C'est l'anniversaire de votre femme/mari. Vous proposez à vos enfants de lui préparer un gâteau.

8. Il est tard et vous êtes encore loin de chez vous. Vous préférez dormir à l'hôtel.

10. Quel vacancier êtes-vous?

Pour savoir quelle sorte de vacances vous préférez, faites notre jeu-test. Choisissez une seule réponse par question. Comptez ensuite le nombre de □, de ▲, de ○, de ✧, de ✦ que vous avez et lisez les résultats page 37.*

1. Vous décidez de partir en vacances:
   A. Plusieurs mois avant. ○
   B. Le jour où vous rencontrez quelqu'un avec qui vous avez envie de partir. ✦
   C. A la dernière minute. ✧
   D. D'une année sur l'autre. ▲
   E. Le jour où l'on vous propose une destination intéressante. □

2. La veille du départ* en vacances:
   A. Vous avez toujours beaucoup de choses encore à faire et vous vous couchez très tard. ▲
   B. Vous êtes nerveux(se) à l'idée de partir. ○
   C. Vous allez chez le coiffeur et faites de la gymnastique pour être en forme. ✦
   D. Vous rêvez que le train part sans vous ou que votre voiture est en panne. ✧
   E. Vous vous couchez tôt pour que l'heure du départ arrive plus vite. □

3. Dites-vous plus volontiers:
   A. Je voudrais que les vacances commencent bientôt! ○
   B. Pendant les vacances, je vais pouvoir faire … ✧
   C. J'aime bien les vacances. ▲
   D. J'espère bien rencontrer un cœur à prendre! ✦
   E. Il n'y a qu'en vacances que je vis vraiment. □

4. Les vacances sont pour vous plutôt synonymes de:
   A. Idylle. ✦
   B. Repos*. ○
   C. Evasion*. □
   D. Distraction*. ▲
   E. Ennui. ✧

5. Le premier jour de vacances:
   A. Vous commencez tout de suite le travail que vous avez emporté*. ✧
   B. Vous cherchez qui pourrait bien vous plaire. ✦
   C. Vous laissez tomber vos valises et allez aussitôt nager ou vous promener. ▲
   D. Vous êtes très content(e) de n'avoir rien à faire. ○
   E. C'est l'euphorie. □

6. En vacances, vous préférez:
   A. Visiter tout ce que vous ne connaissez pas et rencontrer de nouvelles personnes. □
   B. Bronzer. ✧
   C. Flirter. ✦
   D. Parler et sortir avec des amis. ▲
   E. Mettre les pieds sous la table aux heures des repas. ○

**seul, e* einzige – *la veille du départ* am Vorabend der Abfahrt – *le repos* Erholung – *l'évasion f* Flucht – *la distraction* Ablenkung – *emporter* mitnehmen

7. S'il pleut* pendant vos vacances:
   A. Vous cherchez des partenaires pour jouer aux cartes. ▲
   B. Vous allez ailleurs. ✧
   C. Vous lisez toute la journée. □
   D. Vous ne quittez pas la chambre. ✦
   E. Vous êtes déprimé(e) toute la journée et vous ne savez pas quoi faire. ○

8. Vos vacances préférées:
   A. Un séjour chez des amis. ○
   B. Un voyage dans un pays étranger. □
   C. Un mois au club Méditerranée. ▲
   D. Rester en ville. ✧
   E. N'importe où* avec des gens que vous aimez. ✦

9. Les vacances que vous évitez:
   A. Les villages de vacances. ✦
   B. Partir à l'aventure. ✧
   C. Rester chez vous. ▲
   D. Un séjour dans la famille. □
   E. Une maison en Bretagne. ○

10. Votre plus mauvais souvenir de vacances:
    A. Une maladie. ✧
    B. Un chagrin* d'amour. ✦
    C. Un temps froid. □
    D. Un groupe d'inactifs. ▲
    E. Un groupe d'énervés. ○

11. Votre meilleur souvenir de vacances:
    A. Un pays magnifique. □
    B. Des gens très sympathiques. ✧
    C. Avoir rencontré l'homme/la femme de votre vie. ✦
    D. Avoir fait du sport. ▲
    E. S'être reposé(e). ○

12. A votre retour, vous êtes généralement:
    A. Content(e) d'être enfin rentré(e). ✧
    B. Déprimé(e). ○
    C. Dans une forme extraordinaire. ▲
    D. Inquiet(ète) de reprendre la vie normale. ✦
    E. Content(e) de recommencer vos activités habituelles*. □

13. Votre accessoire* de vacances préféré:
    A. Plusieurs livres. ✧
    B. Tout ce qu'il faut pour pratiquer votre sport préféré. ▲
    C. Rien de spécial. ○
    D. Des vêtements élégants. □
    E. Un partenaire de cœur. ✦

* *il pleut* es regnet – *n'importe où* irgendwo – *le chagrin* Kummer – *habituel,le* gewöhnlich
l'accessoire m Zubehör

14. En vacances, vous photographiez surtout:
    A. Votre famille et vos nouvelles connaissances. ✧
    B. L'autre. ✦
    C. Les monuments ou paysages*. □
    D. Tout. ▲
    E. Vous ne faites jamais de photos. ○

15. Vous revenez de vacances avec:
    A. Des cadeaux* pour tout le monde. ○
    B. Des souvenirs plein la tête. □
    C. Le cœur triste. ✦
    D. Des courbatures*. ▲
    E. Beaucoup de vêtements à laver. ✧

* *le paysage* Landschaft – *le cadeau* Geschenk – *la courbature* Muskelkater

Résultats du jeu-test

Si vous avez une majorité de □:

Les vacances signifient pour vous l'évasion. Vous rentrez la tête pleine de souvenirs et vous trouvez la détente dans tout ce qui est nouveau pour vous. Le changement vous fait du bien, même si vous recherchiez plutôt une continuation* de vos activités. Peut-être cherchez-vous aussi un changement dans votre vie sentimentale*.

Si vous avez une majorité de ▲:

Vous cherchez la distraction totale. Vous avez envie d'avoir de nouveaux contacts avec les autres. Vous n'aimez pas trop être dépaysé(e)* et voulez seulement oublier un peu votre vie de tous les jours. Vous rentrez en forme pour l'année. Si votre vie en ville n'est pas très agréable, ces vacances vous redonnent de l'énergie. Mais ne regrettez pas à la fin si les vacances ne durent pas toujours.

Si vous avez une majorité de ○:

Les vacances doivent vous apporter le repos. C'est pour vous aussi une occasion de réfléchir. En temps normal, vous n'avez jamais assez de 24 heures pour faire tout ce que vous voulez. Alors profitez de vos vacances pour changer votre rythme de vie, apprenez à prendre votre temps.

Si vous avez une majorité de ✧:

Pour vous vacances = continuité*. Vous voulez continuer vos activités mais sur une autre octave. N'essayez pas de toujours remplir vos journées. Vous avez du mal à vous détendre, mais vous êtes sur le bon chemin.

Si vous avez une majorité de ✦:

Pour vous vacances est synonyme de tendresse*. Vous partez avec la personne que vous aimez et vous voulez vivre cet amour en paix. Si vous cherchez un nouveau (une nouvelle) partenaire, ne soyez pas trop difficile. Et surtout, n'oubliez pas la détente.

D'après: Etes-vous douée pour les vacances? De M. Costa-Magne. © 1989 Femme Pratique/Bulls, Frankfurt

* *la continuation* Weiterführung – *sentimental, e* Gefühls- – *être dépaysé, e* sich fremd fühlen – *la continuité* Stetigkeit – *la tendresse* Zärtlichkeit

4

1. Le tennis est sa nouvelle passion.

Trouvez la place correcte de l'adjectif et formez les phrases. Attention au féminin. Pour vous aider, regardez le tableau grammatical p. 148 dans le livre.

Exemple: tennis – nouveau – passion   Le tennis est sa nouvelle passion.

1. fils – garçon – grand ______________________
2. breton – Brest – ville ______________________
3. recette – lapin chasseur – vieux ______________________
4. ville – industriel – Marseille ______________________
5. bon – «La Tour d'Argent» – restaurant ______________________
6. le Midi – chaud – région ______________________
7. pays – Liechtenstein – petit ______________________
8. «Le France» – bateau – gros ______________________
9. région – pauvre – Cantal ______________________
10. Caroline – beau – fille ______________________

2. Pourquoi pas un pique-nique?

Complétez le dialogue avec les verbes indiqués. Utilisez le futur simple.

(faire, avoir, préparer, apporter, acheter, demander, prendre, oublier, pouvoir)

L: Lucie   *M:* Michèle

L: Et si on faisait un pique-nique ce week-end?

M: Tu crois qu'il ______________ beau?

L: Oui, d'après la radio, on ______________ même beaucoup de soleil.

M: Bon, alors d'accord. Qu'est-ce qu'il faut préparer?

L: Moi, je ______________ une salade ou deux et j'______________ aussi des fruits.

M: J'______________ les baguettes et le vin, si tu es d'accord.

L: Je ______________ à Maud de faire une pizza. Elle sait bien la faire.

M: Bonne idée. Je ______________ aussi de l'eau minérale et des jus de fruits pour les enfants.

L: Tu n'______________ pas d'amener des jeux ou un ballon, j'espère.
On ______________ jouer ensemble, comme ça.

3. Lettre à une amie

Complétez la lettre de Charlotte. Mettez les verbes au futur simple.

(s'occuper, avoir, savoir, chercher, connaître, voir, plaire, aller)

Nuremberg, le 20-3-88

Chère Jeannette,

je suis bien contente de te revoir bientôt. Je ______________ de tout pour faciliter ton séjour ici. Je n'ai pas encore trouvé de travail pour toi, mais j'__________ dans quelques jours une réponse pour un emploi intéressant dans un service exportation. Quand je ______________ la date exacte de ton arrivée, je te __________ un studio près de chez nous. Tu ______________ enfin notre région. Tu __________, la ville te __________ sûrement. Pense à me dire aussi l'heure d'arrivée de ton avion, j'__________ te chercher à l'aéroport.

Je t'embrasse. Charlotte

4. Le gros lot*

a) *Christian Berger joue à la loterie depuis des années. Il a enfin gagné* le gros lot. Il raconte à un journaliste ce qu'il fera de cet argent.*

Mettez les verbes «acheter, avoir, avoir besoin, donner, faire (2x), mettre, partir, prendre, savoir, voir, vouloir» *au futur simple.*

Tout d'abord, je ____________________ en vacances pour me reposer un peu. J'____________________ ainsi le temps de réfléchir. Mais j'ai déjà quelques idées. Une chose est décidée: je ____________________ une partie de l'argent, la moitié peut-être, à la banque, pour plus tard. Dans six ans, je ____________________ ma retraite anticipée* et j'____________________ de l'argent, alors. Et puis j'____________________ une nouvelle voiture à ma femme. Cela lui ____________________ sûrement plaisir. Je ____________________ aussi une bonne petite somme* à mon fils et à ma fille; ils en ____________________ ce qu'ils ____________________. Pour le reste, je ____________________ bien. Mais ne vous faites pas de souci, je ____________________ bien quoi en faire.

b) *Imaginez maintenant que c'est vous qui avez gagné ce gros lot. Racontez au journaliste ce que vous ferez de l'argent.*

____

____

____

____

____

____

____

* *le gros lot* das Große Los – *gagner* gewinnen – *la retraite anticipée* vorgezogener Ruhestand – *la somme* Betrag

5. Chez la voyante*

... «Je vois très bien maintenant. Vous aurez dans quelques mois une rencontre importante qui changera votre vie. N'hésitez pas, saisissez cette chance*. Vous en aurez besoin dans cinq ou six ans quand vous aurez des problèmes. Vous verrez alors si vous avez de vrais amis».

A vous maintenant: jouez les voyantes! Dites l'avenir à une jeune fille ou à un PDG ou à un homme politique ou à votre voisin de cours.*

Vous pouvez lire en classe ce que vous avez préparé.

* la voyante Hellseherin – *saisir une chance* eine Gelegenheit wahrnehmen – *l'avenir m* Zukunft

6. Le ciel sera couvert.

METEO

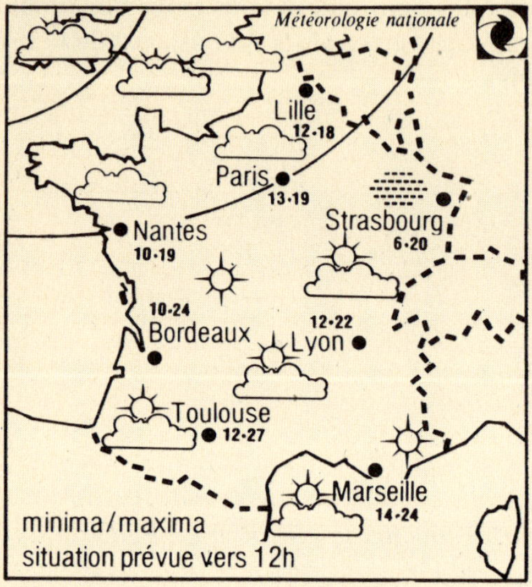

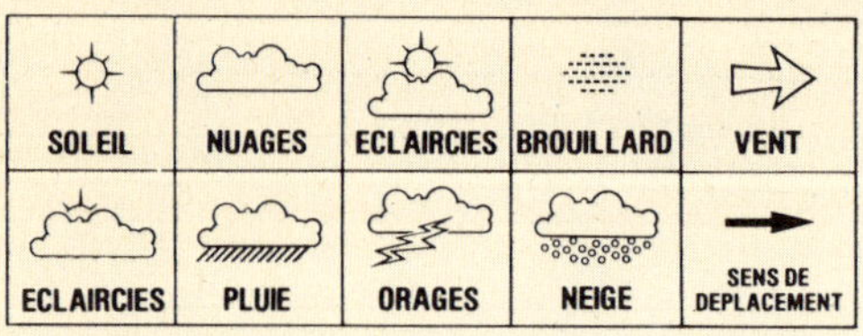

Sur la Bretagne, la Normandie et le Nord, le ciel sera couvert et les nuages donneront de la bruine près des côtes; quelques éclaircies se développeront en fin de journée près de la Manche – minimums 10 à 12° – maximums 14 à 16°.

Sur les pays de la Loire, la région parisienne, la Picardie et les Ardennes, les brumes et les brouillards feront place, en fin de matinée, à un temps plus pluvieux et légèrement orageux – minimums 7 à 9° – maximums 17 à 19°.

Sur toutes les autres régions, des Pyrénées et de la Méditerranée aux Charentes et au Nord-Est, le temps sera bien ensoleillé et chaud après la disparition des brumes et des brouillards. Ces brumes et brouillards seront plus lents à se dissiper au sud de la Garonne ainsi que dans les vallées – minimums 7 à 10° en général, mais 12 à 15° près de la Méditerranée et 6° en Alsace – maximums 25 à 28° sur les régions méridionales et 20 à 22° du Poitou à l'Alsace.

Libération, 10-10-1986.

1. *Regardez le document ci-contre et – sans le lire – dites si on pourrait trouver ce texte dans:*
   a) un atlas ☐
   b) une publicité ☐
   c) un journal ☐
   d) un prospectus touristique. ☐

2. *Regardez les dessins sous la carte. Vous ne connaissez pas tous les mots mais les symboles vous aident à comprendre leur sens*. Que signifie:*
   a) éclaircie? ______
   b) brouillard? ______
   c) neige? ______

   Vérifiez dans un dictionnaire. Si vous trouvez plusieurs significations, vous savez qu'il s'agit ici du temps.

3. *Maintenant regardez seulement la carte et les dessins et trouvez dans quelles régions il y aura:*
   a) du soleil ______
   b) des nuages ______
   c) du brouillard ______
   d) des éclaircies ______

4. *Vous connaissez déjà les mots «pluie» et «pleuvoir». Cherchez dans le texte l'adjectif correspondant.*

   ______

5. *Vous passez quelques jours dans les pays de la Loire. Regardez le texte et dites:*
   a) Quel sera le temps dans la journée?

   ______

   b) Quelles températures il fera le matin et l'après-midi?

   ______

* *le sens* Sinn

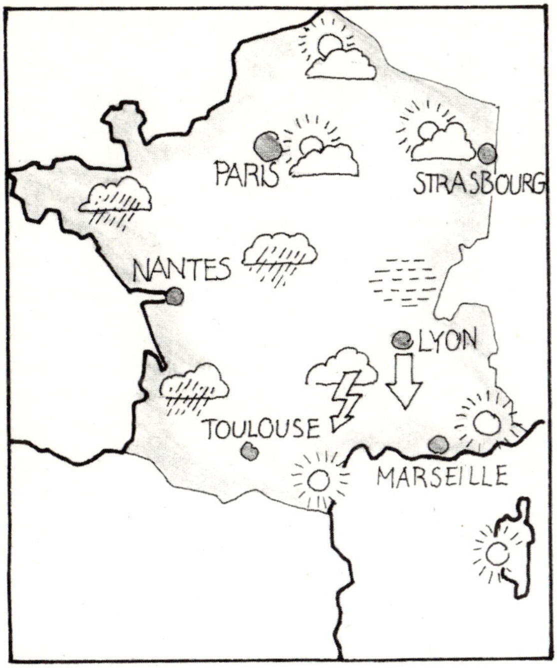

6. *A vous maintenant de faire un bulletin météo d'après la carte ci-contre. Utilisez le futur simple.*

____

____

____

____

____

____

____

____

7. Allô météo!

Regardez la carte ci-dessous et le temps prévu vers 17 heures.
Ecoutez ensuite la cassette et dites quel bulletin décrit la situation de la carte.

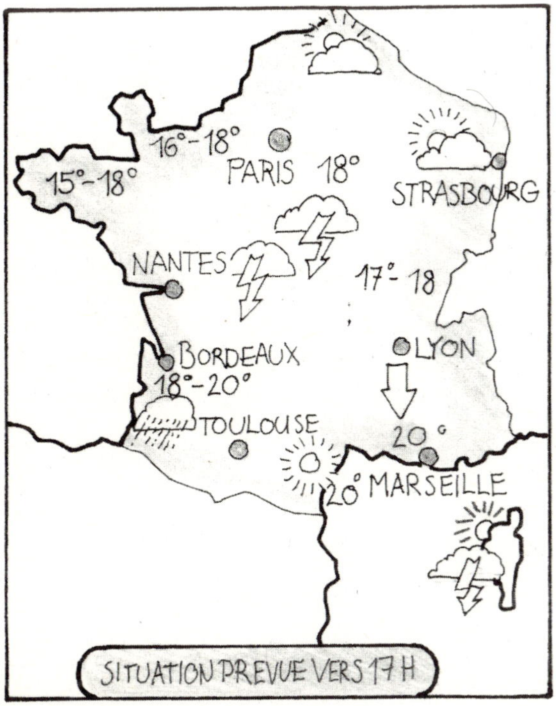

a) ☐

b) ☐

c) ☐

8. La France est le plus beau pays du monde!!!

Relisez le texte 4 *p. 48 dans le livre.*

a) *Vous vous renseignez dans une agence de voyage. L'employé vous conseille d'aller dans le Massif Central. Employez le superlatif.*

«Allez donc dans le Massif Central, c'est le massif **le plus ancien** de France et donc **le plus pittoresque.** Et si vous choisissez l'Auvergne, vous pourrez faire des randonnées dans ______________________ parc régional de France. Ou si vous préférez, vous pouvez monter jusqu'au Puy de Sancy. Avec ses 1886 m, c'est ______________________ montagne du Massif Central. Je vous recommande aussi plus au sud les Gorges du Tarn; ce sont ______________________ de la région et descendre la rivière en canoë*, c'est ______________________ sensation que je connaisse. Si vous voulez profiter de vos vacances pour vous occuper de votre santé, alors vous pourrez choisir entre ______________________ villes thermales de France. Vraiment, il y a de bons arguments pour aller visiter cette région.»

b) *Et vous, comment est-ce que vous décririez votre région ou une région que vous aimez pour inviter un ami à y aller?*

____

____

____

____

____

* *le canoë* Kanu

9. Un peu de géographie

A l'aide des définitions, écrivez dans la grille les mots recherchés. Pour vous aider, regardez le texte 4 *p. 48 dans le livre. Vous découvrirez au numéro 9 le nom d'une région.*

1. Entre les montagnes, il y a des . . . profondes.
2. Le . . . de Sancy est le plus élevé.
3. L'Ardèche en est une.
4. Elle attaque les massifs.
5. C'est une partie du volcan.
6. Les . . . du Tarn sont les plus profondes.
7. Il en sort de la lave.
8. C'est une rivière.

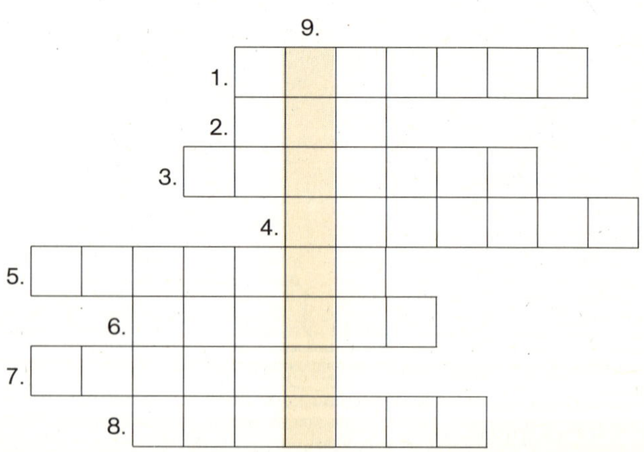

10. L'Auvergne

auvergne

C'est en AUVERGNE que vous trouverez le plus haut sommet de la France centrale, le pic du Sancy, qui atteint 1.886 m.
C'est en AUVERGNE que vous trouverez: sources thermales, air pur, forêts, rivières, lacs et volcans.
C'est en AUVERGNE que vous pratiquerez tous les sports de plein air, la voile, le ski nautique, la pêche, le cheval, et l'hiver: le ski et les plaisirs de la neige.

Au cœur du MASSIF CENTRAL, dont elle est la place forte, l'AUVERGNE, formée de quatre départements: Allier, Cantal, Haute-Loire, Puy-de-Dôme, est incontestablement le plus vieux terroir de notre pays de France.
Par une échelle d'altitudes variant de 200 m jusqu'à près de 1.900 m, du nord du département de l'Allier, jusqu'au sud du Cantal, par l'extrême morcellement de son relief, et le rayonnement des vallées en étoile autour des principaux massifs, l'AUVERGNE offre au visiteur, sur des distances très courtes, les sites les plus divers et les plus inattendus.
C'est dans la présence de presque tous les types de paysages qu'il faut rechercher la puissance attractive de cette région.
Ses volcans, ensemble unique en Europe par leur concentration, leur jeunesse et leur diversité, contribuent fortement à lui donner un aspect très particulier. Il existe à l'heure actuelle deux parcs en Auvergne: le Parc Régional des Volcans d'Auvergne et le Parc Lioradois-Forez. Conséquences de ce volcanisme, l'AUVERGNE est le centre le plus important du Thermalisme français. Dix grandes Stations thermales offrent à chacun la possibilité de faire un ‹Bilan de santé›, et des plaisirs distractifs variés.
Plus de 30 lacs ou étangs, d'importants barrages avec de magnifiques plans d'eau, des piscines, des centaines de kilomètres de rivières ou de cours d'eau permettent la baignade et les sports nautiques, et réservent aussi aux pêcheurs les joies et les émotions désirées.
Ski alpin, ski de fond, ski de randonnée se pratiquent dans trois Stations de Sports d'Hiver classées, et les nombreux Centres de ski des Massifs montagneux des quatre départements.

En toutes saisons,
VACANCES EN AUVERGNE.
Les meilleures Vacances!

Publié par le Comité Régional de Tourisme

Ce texte fait partie d'un prospectus touristique. Il n'est pas nécessaire pour vous de tout comprendre. Vous ne devez chercher que les informations importantes.

1. *Regardez le texte et, sans le lire, dites combien est-ce qu'il y a de grandes parties?*

   ____

2. *Dans la 1ère partie, une expression revient souvent pour insister sur tout ce qu'on trouve dans cette région. Laquelle?*

   ____

3. *Dans cette même partie, on décrit tout ce qu'on trouve en Auvergne. Pour vous aider, cherchez dans le dictionnaire les mots que vous ne connaissez pas:*

   sommet: ______________________

   source thermale: ______________________

   air pur: ______________________

   forêt: ______________________

   lac: ______________________

   plein air: ______________________

   pêche: ______________________

   cheval: ______________________

4. *Maintenant regardez la 2ème partie. On y décrit l'Auvergne plus en détails. Cherchez les mots que vous connaissez déjà.*

   ____

5. a) *De la ligne 11 à 35, on parle de toutes sortes de paysages. Quels mots vous le montrent?*

   ____

   b) *De la ligne 35 à 40, on parle de la nature et de son importance* pour la santé. Quels mots vous le montrent?*

   ____

   c) *De la ligne 41 à 52, on parle des sports qu'on peut pratiquer*. Quels mots vous le montrent?*

   ____

* *l'importance f* Bedeutung – *pratiquer* ausüben

université de caen

normandie - france

38e Cours Internationaux d'Ete

(langue, civilisation et littérature françaises)

4 sessions

6 Juillet — 23 Juillet
27 Juillet — 13 Août
17 Août — 3 Septembre
7 Septembre — 24 Septembre

C.I.E. Université de Caen, Esplanade de la Paix
F 14032 CAEN-CEDEX ☎ 31 93 26 76

été 1987

ADCUEFE

Si vous écrivez à l'annonceur, mentionnez *le français dans le monde*. Cela nous aidera.

11. Cours de vacances

Vous désirez suivre un cours intensif en France et avez trouvé une publicité pour les cours d'été de l'université de Caen. Vous écrivez une lettre pour demander plus de renseignements:

- prix des cours
- nombre d'heures de cours
- niveaux des cours
- chambres et prix
- activités culturelles proposées.

Pour commencer et finir votre lettre, aidez-vous des formules page 50 dans le livre.

C.I.E. Université de Caen
Esplanade de la Paix
F-14032 Caen – CEDEX

5

1. Vivre à plusieurs

Beaucoup de jeunes gens louent des appartements, des maisons pour vivre ensemble. Est-ce que c'est par économie*, pour s'émanciper ou tout simplement pour reformer une famille qu'ils viennent de quitter?

Le reporter d'un grand journal parisien a interviewé deux groupes de jeunes.

a) Première interview: Isabelle et ses deux amies

Isabelle, Nadine et Chantal habitent à Tours.
Ecoutez la cassette et indiquez si les arguments suivants sont vrais ou faux.

la communauté Wohngemeinschaft – *le couple* Paar – *le loyer* Miete

1. Les trois jeunes filles se connaissent depuis l'école.
2. Nadine aimerait être plus souvent seule.
3. Isabelle ne voudrait pas vivre en couple.
4. Leur vie est bien organisée.
5. Chacune paie la même chose pour le loyer et la nourriture.
6. Chantal n'a rien payé pendant qu'elle n'avait pas de travail.
7. Depuis qu'elles habitent ensemble, elles ont changé leur style de vie.
8. Elles voudraient vivre avec des garçons parce que ça pose moins de problèmes.

vrai	faux

b) Deuxième interview: les sept amis

A Perreux dans le Val-de-Marne, ils sont à sept depuis deux ans, trois filles et quatre garçons.

Ecoutez la cassette et indiquez si les arguments suivants sont vrais ou faux.

1. Les sept copains vivent dans un appartement.
2. Avec l'argent de la caisse, on ne paie que la nourriture et le loyer.
3. Les travaux de la maison sont faits par les filles et les garçons.
4. Les filles doivent faire le jardin.
5. Françoise et Jean-Pierre font la cuisine et la vaisselle.
6. Ils font toutes leurs courses au supermarché.
7. Ils voudraient rester en contact avec des copains qui n'habitent pas avec eux.
8. Ils ont toujours été à sept.

vrai	faux

* *par économie* um zu sparen

2. Au travail!

Voilà une liste de travaux. Marquez si ce sont des travaux ménagers ou d'autres travaux.*

	Travaux ménagers	Autres travaux
1. faire les lits	X	
2. réparer les chaussures		X
3. faire la lessive	X	
4. tenir un magasin (Geschäft/Laden führen)		X
5. écrire à la machine		X
6. laver les fenêtres	X	
7. ranger les chambres	X	
8. conduire un taxi		X
9. vendre du pain		X
10. bricoler (basteln)	?	X
11. faire le repassage (bügeln)	X	
12. contrôler les billets		X

* *les travaux ménagers m pl* Arbeiten im Haushalt

travail

le fer repassage

3. C'est utile que vous connaissiez le subjonctif!

Les jeunes gens qui vivent ensemble parlent de l'organisation des travaux ménagers.

1. C'est normal que les femmes ne ___veuillent___ pas tout faire. (vouloir)
2. C'est une chance qu'on ___soit___ à plusieurs. (être)
3. C'est mieux qu'on ___fasse___ ce travail plus tard. (faire)
4. C'est drôle que Françoise et Jean-Pierre ___soient___ toujours prêts à faire la cuisine. (être)
5. C'est faux qu'un homme ne ___puisse___ pas faire le repassage (Bügeln). (pouvoir)
6. Ce n'est pas la peine qu'il ___aille___ faire les courses maintenant. (aller)
7. Il vaut mieux que vous ___rangiez___ tout de suite les chambres. (ranger)
8. C'est dommage que je ne ___sache___ faire que si peu de choses utiles. (savoir)
9. Je ne comprends pas que tu ne ___veuilles___ jamais mettre la table. (vouloir)
10. C'est dommage qu'il n'___ait___ jamais envie d'aider. (avoir)

4. Un nouvel appartement

Complétez les phrases suivantes. Utilisez le subjonctif ou l'indicatif.

Les Lemagny ont trouvé un appartement dans une vieille villa – 5 pièces, cuisine et salle de bains. Quelle chance! Mais le couple n'est pas d'accord sur plusieurs choses.

1. M. Lemagny pense que l'appartement ______________ (être) trop grand mais sa femme est contente qu'ils ______________ (avoir) enfin plus de place.
2. Elle ne trouve pas bien que le loyer ______________ (être) trop élevé.
3. Pour lui c'est normal qu'un bel appartement ______________ (avoir) son prix.
4. Il y aura des travaux à faire. Lui, il aimerait qu'on ne ______________ (faire) que ce qui est vraiment nécessaire.
5. Elle lui explique que travailler dans le nouvel appartement lui ______________ (plaire) et que c'est une chance qu'elle ______________ (savoir) faire beaucoup de choses elle-même.
6. Pour elle, c'est important que l'école ne ______________ (être) pas loin et qu'il y ______________ (avoir) des magasins tout près.
7. Il est vrai que pour lui ça n'______________ (avoir) pas d'importance. Il prend toujours la voiture.
8. Heureusement qu'ils ______________ (aller) déménager le mois prochain.

5. Il y a des jours où tout commence mal!

a) *Mettez les verbes indiqués au passé composé.*
Catherine raconte:

Exemple: Ce matin, je n'ai pas entendu le réveil*. (ne pas entendre)

1. ______________ trop tard. (se lever)
2. ______________ vite ______________ (s'habiller)
3. ______________ un café trop chaud. (boire)
4. ______________ pour prendre le bus qui ______________ sans m'attendre. (sortir, partir)
5. ______________ au bureau en retard. (arriver)
6. ______________ de chance: ______________ mon chef dans le couloir. (ne pas avoir, rencontrer)
7. Alors, ______________ la date, on était le vendredi 13! (regarder)

* *le réveil* Wecker

b) *Vous avez peut-être déjà eu, vous aussi, une journée où tout a mal commencé. Racontez.*

____

____

____

____

____

____

____

____

____

____

____

____

____

6. Nous avons trouvé un appartement.

Mettez les verbes à l'imparfait ou au passé composé.

Il y a cinq ans, ce ______ (ne pas être) facile de trouver un appartement à louer. Nous ______ (trouver) ce bel appartement parce que des amis à nous ______ (connaître) très bien la propriétaire de l'immeuble. Et l'appartement nous ______ (plaire) tout de suite, il ______ (être) clair, calme, pas trop loin du centre et il y ______ (avoir) un petit jardin. Naturellement il ______ (falloir) faire quelques travaux et acheter des meubles, car avant nous ______ (habiter) seulement un deux-pièces. A ce moment-là, un magasin de meubles modernes ______ (fermer), il ______ (solder) son stock* à 30 %; nous ______ presque tout ______ (acheter) dans ce magasin.

Cela fait maintenant cinq ans que nous ______ (s'installer) ici et nous ne l'______ jamais ______ (regretter).

* *solder le stock* Räumungsverkauf haben

7. Petites annonces téléphonées

Vous voulez louer/vendre votre appartement. Avant de téléphoner au journal, vous préparez votre annonce d'après les modèles.

PARC MONTSOURIS
(PROCHE), 2 P., cuis. intégrée 35 m^2, refait neuf, confort, soleil. 3.000 F + 200 F charges. (1) 48.28.77.49, 11 h–14 h, 18 h–21 h.

Mº SAINT-AMBROISE.
8 bis-10, rue Lacharrière, 2 pièces, 3.505 F net. S'adresser au gardien 9 h–11 h 30 et 14 h–18 h sauf samedi après-midi et dimanche. Tél. 42.66.01.80.

EXCEPTIONNEL. MAISON individuelle. jardin privatif. LIV. + 3 chambres, 2 bains, cuis. américaine (environ 100 m^2). Park. 8.500 F. 45.00.80.20.

RUE HENRI-BARBUSSE
3 pièces 97 m^2, r.-de-ch. sur rue, appartement refait neuf, 8.600 F charges comp. Tél. heures bureaux, 46.22.06.65.

JARDIN DES PLANTES. Dble liv., cuis, s. de bains, asc. Loyer 4.250 F ch. comp. 2 P., cuis., s. de bains. Imm. ancien. 3.690 F ch. comp. Tél. (1) 47.07.07.64.

CAMBRONNE, 2 P. 40 m^2, r.-de-ch. 2.260 F + ch. 16 h–17 h. 17, square Jean-Thébaud.

TRINITÉ, 3 et 4 p., nombreux studios, 2 p., Paris, loyers raisonnables. Tél. 47.08.32.13.

Mº TRINITÉ. 2 pièces, cuisine, salle d'eau, w-c, bon état. 2.400 F ch. comp. Tél. 45.63.64.14.

SANS COMMISSION GARE DU NORD, rue La Fayette dans bel immeuble 1900. 2 P., 52 m^2, neuf. 3.900 + 350 F, cave, chauffage individuel. Tél. 45.22.88.71, 9–12 h - 14–17 h.

Beau 2 P., cuis., s. de bains, débarras, 5ᵉ ét., sans asc., 35 m^2, très clair. 3.600 F ch. comp. Direct pptaire, tél. 43.20.85.68, ce jour de 8 heures à 13 heures.

25, RUE VIALA
2 P., coin cuisine, douche, w-c. 2.500 F net. Ce jr 15 h 30 à 17 h.

PRÈS PLACE VICTOR-HUGO. 4 P. beau séjour, sur gd balc., cuis. équipée, loggia, 2 chbres, 2 sanitaires, 1 gar. dble. 15.000 F + charges. SAGGEL-VENDÔME. Ce jour de 15 h à 16 h,
60, RUE BOISIÈRE.

Pour vous aider à lire les annonces:

asc.	ascenseur (Aufzug)
balc.	balcon
chbre	chambre
ch.	charges
comp.	compris
cuis.	cuisine
dble	double (hier: zwei)
débarras	Abstellraum
gar.	garage
gd.	grand
jr	jour
liv.	living (salle de séjour)
imm.	immeuble
p.	pièce
pptaire	propriétaire (Besitzer/in)
r.-de-ch.	rez-de-chaussée
s. de bains	salle de bains
sans commission	ohne Vermittlungsgebühr

8. J'ai déménagé.

Marie-Paule rencontre une amie: «Tu n'as pas encore vu mon nouvel appartement. Tous mes meubles ont trouvé leur place.»

Ecoutez la cassette et indiquez où se trouvent les meubles.

9. Abonnez-vous au Journal de la Maison!

Avant de remplir le bon de commande, lisez-le et dites si les arguments suivants sont vrais ou faux:

* *le cadeau* Geschenk – *gratuit,e* gratis

	vrai	faux
1. Vous pouvez choisir vous-même si vous voulez l'abonnement pour un an ou deux.		
2. En juillet/août et en décembre/janvier vous aurez seulement un numéro.		
3. Le journal coûte le même prix à l'étranger.		
4. Si vous vous abonnez deux ans, vous recevrez 1 album-photos.		
5. Vous avez trois possibilités pour payer l'abonnement.		

10. Une maison de rêve

Que dit le monsieur de l'agence?

Dans: Le Parisien Libéré, 14-4-84

1. Bien manger dans les provinces françaises.

Lisez les annonces et indiquez la région ou l'adjectif correspondant à la région d'où viennent les spécialités de ces restaurants. Si nécessaire, regardez dans la grammaire, page 155.

Exemples: Dans ce restaurant, on peut manger des spécialités

Brasserie Lorraine
PLACE DES TERNES ☎ 227.80.04
les huîtres et fruits de mer,
le gibier (*en saison*)
Ouverte jusqu'à 2 heures du matin
Depuis 50 ans le rendez-vous du monde des lettres et des arts

de la Lorraine

La Savoie
vous propose
SA FONDUE SAVOYARDE OU VAUDOISE
SERVIE T.L.JOURS JUSQU'A 0h30
47, AV. WAGRAM 17e - 380-21-19

savoyardes.

1. **CAVES DE BOURGOGNE** (c), 3, rue Palestro, 236.38.55. F. dim. Menu 50 F. Fondue 60 F s.c.

______

2. **SPÉCIALITÉS PROVENÇALES**
Restaurant CHEZ NOUS
Rue Abel-Gance (près de la Patinoire)
83130 LA GARDE - 94 23 67 85

______

3. **RESTAURANT DU PECHEUR**, 15, r. Vavin 6e. 326-41-89. Sptés corses et méditerranéennes.

______

4. **RENDEZ-VOUS A St-LAZARE ••• RUC**
A TOUTE HEURE GRILL
PATISSERIE SALON de THE
SALONS RESTAURANT
St-LAZARE 522.66.70
2, r. de la Pépinière
DINERS AVANT SPECTACLE
DINER PERIGOURDIN 198 F - DINER AQUITAIN 225 F vin ttc

______

5. Face à la gare du Nord
TAVERNE DES FLANDRES
choucroute - grillades
• *Plus de 150 spécialités de Bières*
Groupes acceptés
Formule rapide à 60 F
T.l.j. jusqu'à 2h du mat.
8, bd Denain (10e). 48.78.37.08

______

6. **LA GASCOGNE**. 179, rue de Vaugirard. 734-09-62. Cassoulet, foie gras, salmis, confit.

______

7. **CAP BRETON**, 12, rue Monsigny. 296.41.78. 2e. Crêpes, galettes, qualité-prix. F. dim., lun. soir.

______

8. 

la MAISON D'ALSACE
CHAMPS-ELYSEES
SON FOIE GRAS.
SES HUITRES.
SES CHOUCROUTES.
39, Champs-Elysées, Paris 8ème: 359.44.24

______

9. **Mon Bar - la Potée**
cuisine traditionnelle
spécialités auvergnates
Dans un cadre 1900 authentique
3, rue Etienne-Marcel (1er) - 236.18.68

______

2. La quiche lorraine

Vous voudriez apprendre à faire la quiche lorraine. Une amie vous explique la recette.

le lard fumé geräucherter Speck – *le moule à tarte* Tortenform – *répartir* verteilen

a) *Ecoutez le texte sur la cassette, puis remettez les images dans l'ordre.*

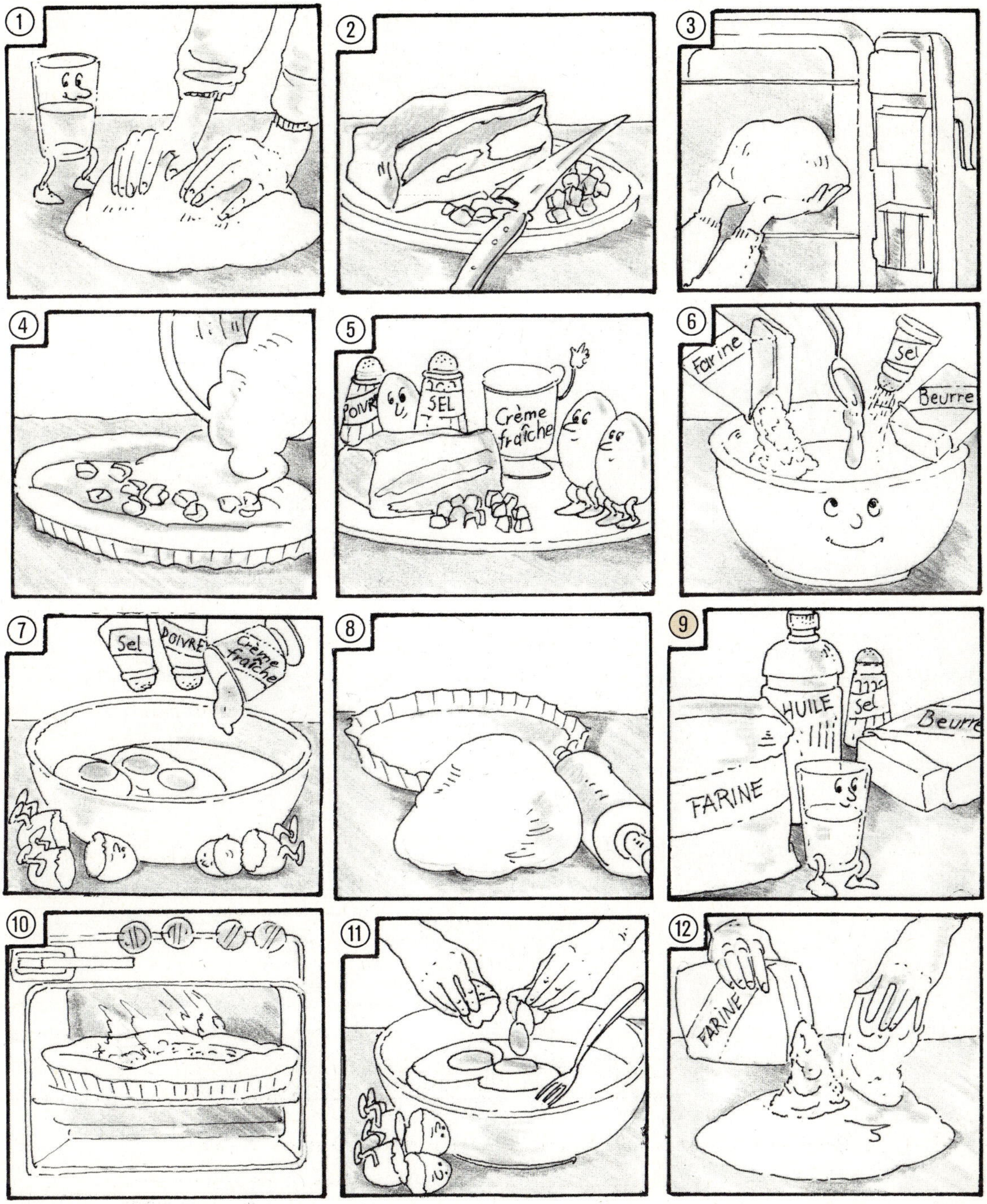

b) *Récapitulez la recette.*

- Pour la pâte brisée, il faut: ______________________________

____

____

____

____

On travaille la pâte ______________________________

- Pour la crème, il faut: ______________________________

____

____

____

____

On met le lard ______________________________

On verse ______________________________

On fait cuire ______________________________

______________________________ minutes.

3. Révisez votre vocabulaire.

Trouvez dans chaque groupe le mot qui n'est pas à sa place.

1. pain, pâté, baguette, ficelle
2. bifteck, entrecôte, gruyère, poulet
3. gratin, brioche, tarte, croissant
4. cognac, vin, bière, limonade
5. pomme, banane, sucre, orange
6. gigot, haricot, pomme de terre, petits pois
7. crème, lait, beurre, huile
8. boucher, agent de police, épicier, boulanger

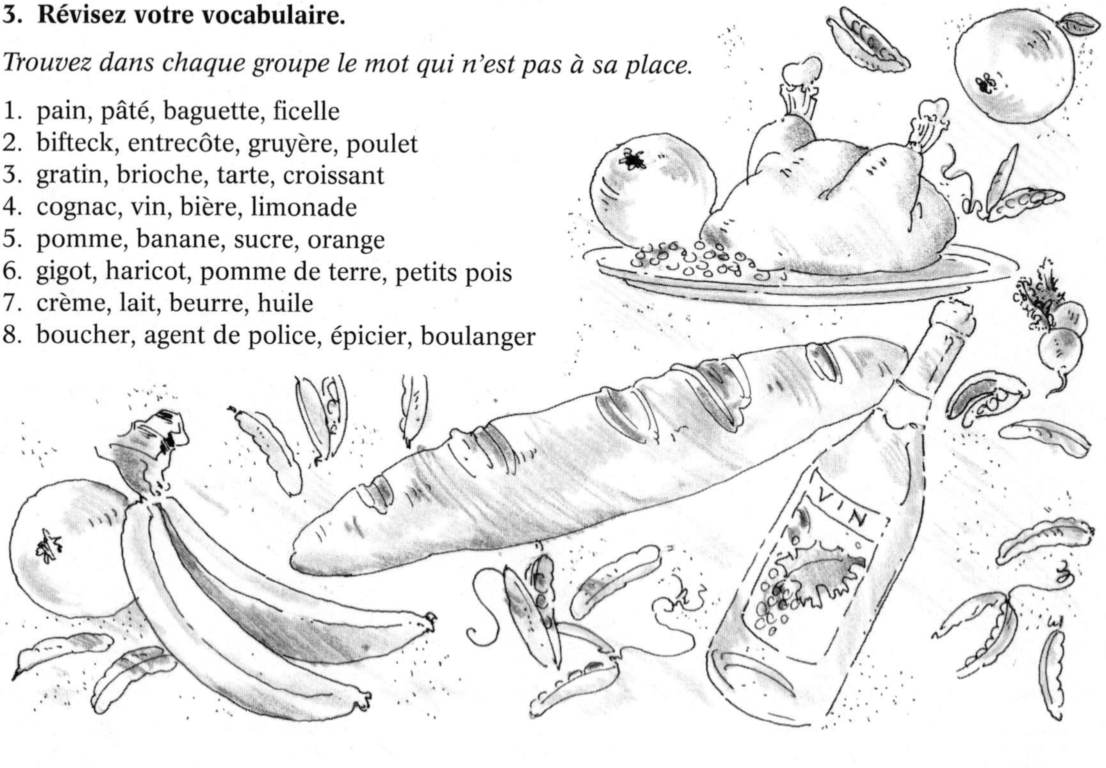

4. Pas une minute à perdre.

Formez des phrases d'après l'exemple.

- 7.00 réveil
- 7.30 petit-déjeuner
- 9.00 tennis

7.30 / Pierre

Il est 7h30. Pierre vient de se réveiller. Il est en train de prendre son petit déjeuner. Dans une heure et demie, il va jouer au tennis.

1.
- 8.00 laver voiture
- 9.00 réparer vélo
- 10.00 faire jardin

9.00 / Gilles

2.
- 10.00 courses
- 11.00 préparer repas
- 14.00 dentiste

10.45 / Janine

3.
- 20.00 dîner
- 21.00 film télé
- 22.00 se coucher

21.30 / nous

4.
- 7.00 footing
- 8.00 prendre douche
- 9.00 aller en ville

8.00 / Eric et Michel

5.
- 20.00 rencontrer ami(e)
- 20.30 film cinéma
- 22.00 restaurant

21.00 / vous

5. Si vous voulez mon avis …

Un de vos voisins part bientôt en vacances. Vous pensez qu'il est nécessaire de lui donner quelques conseils.
Formez des phrases avec les éléments donnés et utilisez le subjonctif.

1. Faire le plein avant de partir.
2. Laisser son adresse aux parents.
3. Prendre un dictionnaire.
4. Vérifier la pression des pneus.
5. Bien fermer toutes les fenêtres.
6. Aller chez le coiffeur avant de partir.
7. Emmener sa carte verte.
8. Acheter une carte routière de la région.
9. Arrêter le frigo.

c'est important que
il faut que
c'est mieux que
c'est utile que
je trouve bien que
c'est nécessaire que
il vaut mieux que
c'est normal que

Exemple: Il vaut mieux que vous fassiez le plein avant de partir.

2. ____
____.

3. ____
____.

4. ____
____.

5. ____
____.

6. ____
____.

7. ____
____.

8. ____
____.

9. ____
____.

6.

Les Français ne connaissent plus leurs vins!
Une légende meurt. Le Français, connu dans le monde entier comme un amateur* mais aussi comme un connaisseur de vin, serait en train de perdre sa réputation. Un sondage de 1982 avait déjà montré que les connaissances des Français en matière de* vin avaient bien changé: 68% d'entre eux ne savaient pas que le pauillac est vin de Bordeaux, 64% que le chambertin vient de Bourgogne. Pire, 8% seulement connaissaient le montrachet, un de nos plus grands vins blancs. 90% ne savaient pas non plus que 1977 était une mauvaise année pour les bordeaux.
Un autre sondage réalisé en 1985 arrive aux mêmes résultats et ajoute d'autres détails:
- 19% des Français de plus de 18 ans ne boivent jamais de vin.
- Parmi* les buveurs réguliers, 11% disent consommer un litre par jour, 34% un demi-litre, 39% un quart et 16% un verre.
- 40% des amateurs paient facilement de 20 à 50 francs pour une bouteille de bon vin, 25% de 50 à 100 francs, 7% plus de 100 francs.

D'où vient ce «vide culturel»? La connaissance des vins qui ne passe plus sans doute de père en fils et la vente en supermarchés, sans vendeur spécialisé pour conseiller. Le vin serait-il un chef-d'œuvre en péril*?

D'après Gérard Mermet, Francoscopie 1987

Lisez le texte et répondez aux questions.

1. Quelle est la réputation des Français en matière de vins?

___

___

2. Pourquoi est-ce que cette réputation est en train de mourir?

___

___

3. Si vous comparez ce texte et le tableau dans le livre, page 70, est-ce que vous pensez que les Français boivent beaucoup de vin?

___

4. Quel prix acceptez-vous de payer pour une bonne bouteille de vin? Comparez à ce que les Français paient.

___

5. Est-ce que l'image que vous vous faites des Français correspond à l'image présentée dans le texte?

___

* *l'amateur m* Liebhaber – *en matière de* hinsichtlich – *parmi* unter – *le chef-d'œuvre en péril* gefährdetes Kunstwerk/Denkmal

7. Il est défendu de fumer dans le métro.

Mettez les phrases à la forme passive et aux temps indiqués.
Utilisez les verbes «mettre (2x), garder, diriger, acheter, présenter, organiser, suivre, retirer.»

1. L'usine Mécanex ________ depuis quelques années par M. Lory. (présent)
2. Dans l'atelier de fabrication, les pièces ________ par un ouvrier sous la presse et elles ________ par un autre ouvrier. (présent)
3. Caroline ________ par sa grand-mère pendant les vacances de sa nourrice. (futur)
4. Le tableau de Van Gogh ________ par un riche étranger. (passé composé)
5. Le spectacle ________ par une actrice de cinéma connue. (futur proche)
6. Le meeting ________ par un groupe de jeunes. (imparfait)
7. La chanson ________ en musique par Theodorakis. (passé composé)
8. Le concert ________ par des millions de gens à la télé. (passé composé)

6

8. Dis-moi ce que tu bois …

100 = consommation moyenne par produit sur 3 ans

	Agriculteurs	Ouvriers spécialisés	Ouvriers qualifiés	Contremaîtres	Artisans, petits commerçants	Employés de bureau	Cadres moyens	Cadres supérieurs	Prof. libérales, gros commerçants
Vin courant	126	95	92	93	89	77	72	59	74
Café	114	95	86	102	87	92	81	78	85
Bière	57	115	131	127	65	101	106	96	109
Apéritifs	54	104	109	150	95	118	113	92	93
Eaux minérales	37	81	87	92	96	107	110	109	107
Vins fins	77	54	74	105	70	118	103	212	130
Thé	21	57	98	76	77	91	103	140	150
Whisky	29	47	57	89	81	129	221	321	113

* *l'ouvrier m qualifié* Facharbeiter – *l'ouvrier m spécialisé* angelernter Arbeiter – *le contremaître* Werkmeister – *le commerçant* Kaufmann, Händler – *le cadre moyen* mittlerer Angestellter – *le cadre supérieur* leitender Angestellter – *la profession libérale* freier Beruf

Comparez la consommation de boissons dans les différents métiers.

Exemples: – vin courant: agriculteurs / employés de bureau

Les agriculteurs boivent plus de vin que les employés de bureau.

– bière: artisans / cadres moyens

Les artisans boivent moins de bière que les cadres moyens.

1. vin courant: contremaîtres / professions libérales

____.

2. café: cadres supérieurs / agriculteurs

____.

3. bière: ouvriers qualifiés / gros commerçants

____.

4. apéritifs: ouvriers spécialisés / contremaîtres

____.

5. Eaux minérales: agriculteurs / cadres moyens

____.

6. vins fins: cadres supérieurs / cadres moyens

____.

7. thé: petits commerçants / employés de bureau

____.

8. Whisky: gros commerçants / cadres supérieurs

____.

9. Ce que mangent les Français.

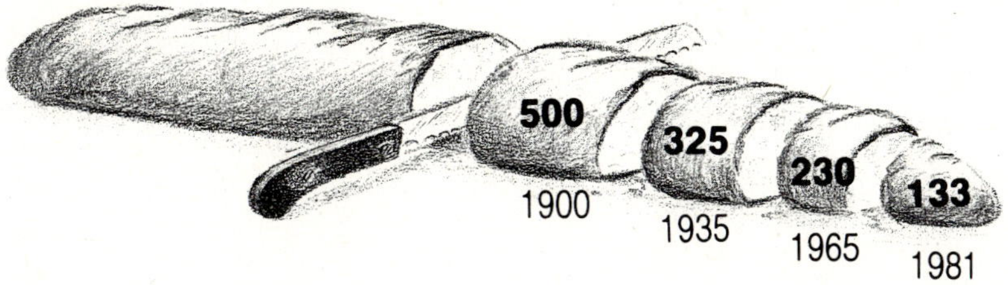

Ce que mangent les Français

- Trop de matières grasses, visibles* ou cachées. Leur part dans l'alimentation est passée de 18 % en 1900 à 42 % en 1980.
- Trop de sel: nous avons besoin d'environ 2 grammes de sodium par jour, on en consomme en moyenne de 15 à 30 grammes.
- Trop de sucres rapides: 35 kilos par personne et par an. En poudre ou en morceaux, la consommation a baissé. Mais l'apport de sucre incorporé dans les aliments et les boissons préparés industriellement ne cesse d'augmenter: 449 500 tonnes en 1960, 962 000 tonnes en 1980.
- Pas assez de farineux. On en est aujourd'hui à 133 grammes de pain par jour et par personne, soit le tiers d'il y a cinquante ans. Dans le même temps, la consommation individuelle de pommes de terre est tombée de 50 % (84 kilos aujourd'hui par an) et celle des légumes secs* de 75 % (à peine plus d'un kilo par an). Prévisions de l'Insee* pour 1990: la part des viandes et des produits laitiers continuera à augmenter.
  L'Insee a également établi la liste des produits dont la consommation a augmenté le plus depuis 1970: en tête, les aliments pour animaux et les crèmes glacées.

D'après L'Express 3-5-85

* *visible* sichtbar –
les légumes secs m pl Hülsenfrüchte –
Insee Abk. für Institut national de la statistique et des études économiques

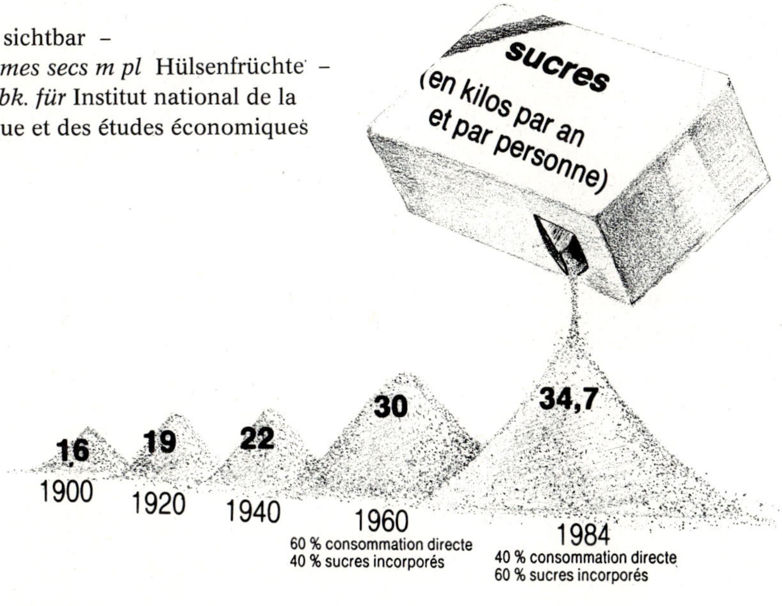

⑥

Lisez le texte et les statistiques et dites ce que les Français mangent de plus en plus et ce qu'ils mangent de moins en moins. Pour pouvoir répondre, il n'est pas nécessaire de connaître tous les mots.

____

____

____

____

____

____

____

____

____

____

____

____

____

____

10.

Les repas ne sont plus ce qu'ils étaient.

Finis les menus traditionnels avec hors-d'œuvre, plat principal, salade, fromage et dessert qui donnaient plus envie de faire la sieste que d'être actif. Trop longs, trop chers, trop riches en calories. Les repas de tous les jours n'ont souvent plus qu'un plat principal avec quelquefois un fromage ou un dessert. Cette tendance à manger moins à chaque repas fait qu'on mange plus souvent au cours de la journée. Le «grignotage»* est à la mode. Il se pratique au bureau, devant la télévision, en promenade ou en voiture. Finies aussi les heures précises des repas qui réglementaient les journées de nos grand-parents.

D'après Gérard Mermet, Francoscopie 1987

Lisez le texte et répondez aux questions.

1. Qu'est-ce qui a changé dans les repas et pourquoi?

____

____

____

2. Quelle est la nouvelle tendance?

____

____

3. Est-ce que c'est meilleur pour la santé?

____

* *le grignotage* Knabbern

11. **La différence entre les repas de tous les jours et les repas de fête est de plus en plus grande.**

Le repas de midi est en général rapide et simple. Le soir, il ne dure pas plus longtemps mais il est plus riche. Les femmes ont de moins en moins envie de passer leur soirée à la cuisine et à la vaisselle. Les produits et les machines qui leur facilitent le travail sont donc les bienvenus*.
Pour les repas de fête, c'est différent. C'est un moment agréable qu'on passe en famille ou avec des amis et où on profite de l'atmosphère d'un bon repas. Les Français n'hésitent donc pas à passer le temps et à mettre l'argent nécessaires pour que la fête soit réussie. C'est le moment que choisissent quelques hommes pour montrer leurs talents culinaires pendant que les femmes essaient de mettre une note d'originalité ou même d'exotisme dans les menus et la décoration de la table. Comparés aux repas des fast-food et au steak-salade de la semaine, les menus du week-end ou d'anniversaire prennent une saveur particulière*.

D'après Gérard Mermet, Francoscopie 1987

Lisez le texte et répondez aux questions.

1. Qu'est-ce qui a changé en même temps que les repas?

___

___

2. A quelle occasion est-ce qu'il y a encore des repas traditionnels?

___

3. Quelles sont les différences entre un repas de tous les jours et un repas de fête?

___

___

4. Qu'est-ce que les gens font pour ces repas et qu'ils ne font pas d'habitude?

___

___

___

* *bienvenu(e)* willkommen – *la saveur particulière* besonderer Geschmack

12. Apprenez à équilibrer votre alimentation.

Avec le début de l'été arrive aussi la période des régimes. Ecoutez les réponses d'un spécialiste aux questions que nous lui avons posées à ce sujet.

le goût Geschmack – *maigrir* abnehmen

	vrai	faux
1. Deux repas ont toujours moins de calories que trois.		
2. Le régime «grillade-salade» a beaucoup de calories.		
3. Il faut boire au moins un litre ½ d'eau par jour.		
4. On ne doit pas manger de pain.		
5. Ne manger qu'un aliment n'est pas bon pour la santé.		
6. Il faut beaucoup de sel pour donner du goût.		
7. Les médicaments pour maigrir ne posent pas de problèmes.		
8. Le mieux est de manger un peu de tous les aliments.		

1. Le bon mot

Complétez les phrases par un mot ou une expression que vous avez appris dans la leçon.

Exemple: Quand on a toujours le temps pour les autres, on est disponible.

1. Vous pouvez ______________________ sur votre ami/e. Il/Elle vous aide toujours quand vous avez des problèmes.
2. Quand une personne vous ennuie, vous la trouvez ______________________.
3. Entre deux personnes qui se connaissent très bien et ont toujours la même opinion, il y a une grande ______________________.
4. La famille est un lieu où on peut toujours retourner quand on a des problèmes; c'est un ______________________.
5. Vivre sans se faire de soucis, sans avoir de problèmes importants, c'est vivre dans ______________________.
6. Quand on embrasse quelqu'un, on lui fait des ______________________.
7. Si vous aidez quelqu'un quand il en a besoin, vous lui ______________________.
8. Même si tout n'est pas facile dans la vie, il ne faut pas se laisser aller, il faut ______________________.

2. Ça l'agace que j'aie toujours raison.

Complétez les phrases avec les éléments donnés et mettez les verbes au subjonctif. Il y a quelques fois plusieurs possibilités.

«je trouve chouette, elle trouve super, vous détestez, ça m'ennuie, il adore, ça le dérange, ça ne me plaît pas, ça m'énerve»

1. ______________________ que ton mari ______________ (faire la vaisselle).
2. ______________________ que mon père me ______________ le mois prochain (couper les vivres).
3. ______________________ que ma mère ______________ des enfants (s'occuper).
4. ______________________ que nous ______________ bien (s'entendre).
5. ______________________ que tu n' ______________ pas mes amis à la maison (accueillir).

6. ______________________ que vous ______________________ vos disques toute la journée (écouter).

7. ______________________ que votre frère ______________________ le soir sans vous (sortir).

8. ______________________ que ses enfants ______________ (faire du bruit).

3. Le rêve et la réalité

Trouvez les contraires.

1. tendre → c)	a) ennuyeux
2. content	b) pénible
3. calme	c) dur
4. amusant	d) déçu
5. agréable	e) indifférent
6. chaleureux	f) nerveux
7. adorer	g) se méfier
8. aimer	h) mettre à la porte
9. avoir confiance	i) détester
10. être heureux	j) haïr
11. accueillir	k) en avoir marre

4. Aucun doute: on décide librement de se marier ou pas.

Complétez le texte avec les pronoms indéfinis suivants:
« d'autres, certains, chacun, personne, quelqu'un, rien, tout le monde, tous ».

Aujourd'hui, quand ______________________ veut fonder une famille, il n'a pas vraiment besoin de se marier. Bien sûr, ______________________ les parents préféreraient que leurs enfants passent d'abord par la mairie, mais ______________________ choisit librement sa façon de vivre; ______________________ n'est plus obligé de suivre la tradition. Mais il ne faut pas croire que ______________________ soit pour l'union libre. ______________________, beaucoup même, pensent encore qu'il vaut mieux se marier avant d'avoir des enfants. ______________________ ont d'abord des enfants et ils décident seulement plus tard de se marier. Vous voyez, ______________________ n'est plus fixé d'avance.

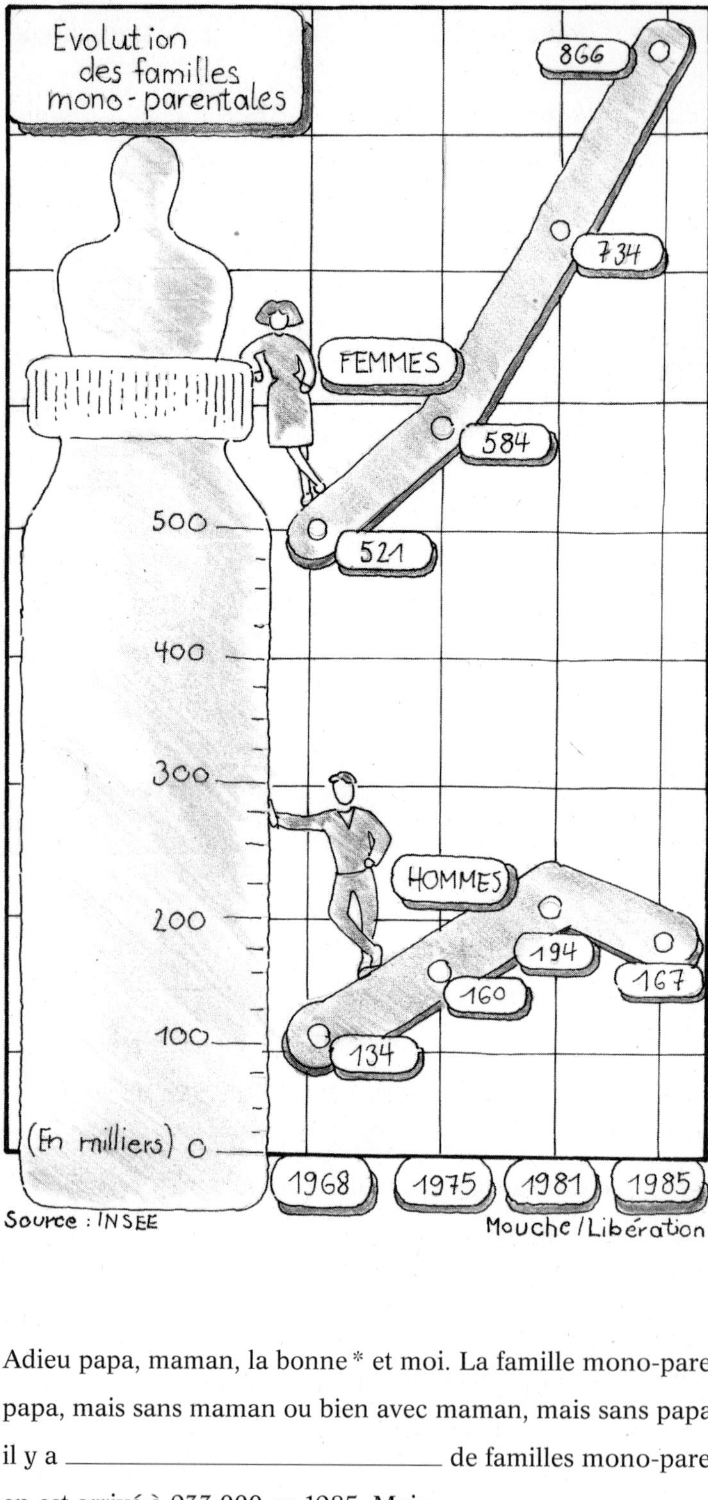

5. La famille est de plus en plus mono-parentale.

Regardez le schéma pour vous aider et complétez le texte avec: « de plus en plus, plus de, moins de, le plus ».

Libération, 23-1-1987

Adieu papa, maman, la bonne* et moi. La famille mono-parentale, c'est-à-dire la famille avec papa, mais sans maman ou bien avec maman, mais sans papa est une valeur en augmentation: il y a ______________________ de familles mono-parentales. De 655.000 en 1968, on en est arrivé à 933.000 en 1985. Mais ______________________ curieux, en ces temps où les pères défendent ______________________ leur droit* à élever* leurs enfants eux-mêmes, est que le nombre d'hommes élevant seuls leurs enfants semble en baisse: de 194.000 en 1981, d'après les chiffres de l'INSEE, à 167.000 en 1985. En 1968, il y avait ______________ femmes que d'hommes qui vivaient seules avec leurs enfants; en 1985, cela n'a pas changé. La tendance se confirme: en 1985, il y a beaucoup ______________ femmes qui élèvent leurs enfants seules qu'en 1975. En 1981, il y avait ______________ pères qui se trouvaient dans cette situation qu'en 1975, mais depuis ces dernières années, il y a ______________ hommes qui prennent cette responsabilité.

* *la bonne* Hausmädchen – *le droit* Recht – *élever* großziehen

6. La famille d'aujourd'hui est tolérante.

Employez le participe présent à la place des mots en italique.

Exemple: Les jeunes *qui se sentent* se sentant bien dans leur famille habitent longtemps chez leurs parents.

1. Les enfants *qui ont* ______________ des problèmes peuvent les partager avec leurs parents.
2. Les parents ne mettent plus à la porte les filles *qui sont* ______________ enceintes.
3. Ils ne coupent plus, non plus, les vivres à leur fils *qui ne veut pas travailler.* ______________
4. Les enfants ont aujourd'hui des parents *qui accueillent* ______________ volontiers leurs amis chez eux.
5. La famille *qui sert* ______________ de refuge est un exemple de moins en moins suivi.
6. Les jeunes *qui fondent* ______________ une famille ont parfois des problèmes d'argent.
7. L'Etat *qui crée* ______________ des mesures favorables aux familles nombreuses espère que les couples auront bientôt plus d'enfants.

7. Avoir des enfants: un investissement de sa personne.

Ecoutez l'interview d'une mère de famille puis répondez aux questions.

influencer beeinflussen – *le noyau* Kern

1. Qu'est-ce qui a guidé son choix d'avoir trois enfants?

2. Pourquoi, d'après elle, est-ce que les aides de l'Etat ne peuvent pas être la seule raison d'avoir 3 enfants?

3. Est-ce qu'elle croit que ces aides décident certaines mères de famille à arrêter de travailler? A quelle condition?

4. Pourquoi est-ce qu'il y a de plus en plus de familles de trois enfants?

5. Est-ce qu'elle est heureuse de sa situation?

Trois ans, c'est depuis cette année la durée du congé parental d'éducation. Maintenant, on peut s'arrêter de travailler, pour profiter pleinement des premières années de son enfant, sans rompre son contrat de travail, sans perdre aucun de ses droits. Avec, à partir du troisième enfant, la nouvelle allocation parentale d'éducation.

Et, après, il existe de nouvelles solutions de garde, facilitées par l'État et les Collectivités locales : c'est le contrat enfance.

La famille, c'est une réponse d'aujourd'hui aux problèmes d'aujourd'hui. La source où l'on puise la force d'agir. L'école de la générosité, de la solidarité entre générations, des droits de l'homme, de la justice.

Une politique familiale moderne, c'est de donner à toutes les familles de France les moyens de cette vraie solidarité. Les moyens de s'épanouir. Librement.

LA FAMILLE, C'EST MON ÉQUIPE POUR LA VIE.

MINISTÈRE DE LA SANTÉ ET DE LA FAMILLE

8. La famille, c'est mon équipe * pour la vie.

Lisez l'annonce du Ministère de la Santé et de la Famille parue dans différents journaux et répondez ensuite aux questions.

1. C'est une publicité au profit de la santé ou de la famille?

2. Combien de temps est-ce qu'on peut s'arrêter pour élever ses enfants?

3. Est-ce qu'on perd ses droits à son travail?

4. Quelle est la condition pour toucher l'allocation parentale?

5. Quand est-ce qu'on a besoin du contrat enfance?

6. Est-ce que l'Etat donne seulement à certaines personnes la possibilité de fonder une famille et d'avoir des enfants?

* *l'équipe f* Mannschaft – *les Collectivités locales f pl* = les villes et les départements – *s'épanouir* sich entfalten

9. Révolution dans les familles

Révolution dans les habitudes, mais plus encore révolution dans les structures. Il n'y a plus actuellement un type de famille, mais des types de famille.

1. Respectant la tradition, ***la famille-alliance*** est de plus en plus rare. Le couple prend l'engagement de respecter le groupe familial quelles que soient les variations du sentiment amoureux. L'acte du mariage rend cette promesse* officielle. Pas de relations sexuelles régulières avant le mariage. Les enfants – le plus souvent trois ou quatre – sont obligatoires pour ce couple. Monsieur rentre tard le soir de son travail. Les enfants ont dîné et fait leurs devoirs, contrôlés par Madame qui se consacre à l'éducation de ses enfants. On se retrouve tous les dimanches pour la messe et le repas familial. L'après-midi, on va chez les grands-parents.

2. ***La famille-fusion*** est actuellement le modèle courant. Le couple est fondé sur l'intensité de la relation amoureuse. La vie commune peut commencer avant le mariage, même s'en passer*. Le problème n'est plus mariage ou pas, mais enfant ou pas. Résultat d'un désir bien réfléchi, on préfère que cet enfant vienne un peu plus tard. On en profite alors pour régulariser* la situation. Dans ces familles-là, on partage tout, on se dit tout, on fait tout ensemble, mais on divorce aussi quand le sentiment amoureux perd de sa force pour refaire sa vie ailleurs.

3. ***La famille spontanée*** encore très rare, est en augmentation. On recherche un amour intensif mais dans le très grand respect de l'autonomie de chacun. Ces couples choisissent plus souvent la cohabitation: le sentiment du provisoire garantit l'authenticité des relations. Homme ou femme, il n'y a plus de rôle réservé. Tous deux travaillent, font la cuisine, s'occupent des enfants et ils attendent le jour où les hommes feront les bébés.

4. ***Les familles mono-parentales*** sont de plus en plus un choix: on préfère prendre le risque d'être un parent seul que de souffrir la médiocrité* d'une union. Pourtant, plus elle vieillit, plus la femme aura du mal à revenir sur ce choix: elle paie plus cher que l'homme cette autonomie. Mais certaines ne veulent surtout pas se marier. Le nombre de mères célibataires – environ 2% des familles – n'augmente pas: beaucoup hésitent à priver* un enfant de son père.

D'après: « La famille: une idée moderne », Anne Beaujour, L'Express 13-6-1986

* *la promesse* Versprechen – *se passer de qch.* ohne etwas auskommen – *régulariser* in Ordnung bringen – *la médiocrité* Mittelmäßigkeit – *priver de qch.* jdm. etwas vorenthalten

Notez les caractéristiques de chaque type de famille.

La famille-alliance:

1. ______________________________

2. ______________________________

3. ______________________________

4. ______________________________

5. ______________________________

La famille-fusion:

1. ______
2. ______
3. ______
4. ______
5. ______

La famille spontanée:

1. ______
2. ______
3. ______
4. ______
5. ______

La famille mono-parentale:

1. ______
2. ______
3. ______
4. ______

10. J'ai déjà eu trois aides-ménagères: elles ne savaient faire que les croque-monsieur!

Ecrivez le pluriel des mots en italique.

1. Une *belle-mère* n'a jamais bonne réputation. C'est pourquoi une *belle-fille* préfère toujours s'occuper seule de ses enfants. Elle ne voit son *petit-fils* que le *week-end.*

______ ______

______ ______

2. Elle occupe son *après-midi* à écouter le *hit-parade* à la radio.

______ ______

3. Je préfère le *self-service* du supermarché, c'est moins cher qu'au restaurant.

______

4. Sa *petite-fille* habite dans un *deux-pièces,* a un *lave-vaisselle* et un *micro-onde.* Une *jeune fille* moderne, quoi!

______ ______

______ ______

______

11. Mon ami a peur du mariage.

Certains journaux féminins ont une rubrique « courrier du cœur ». Lisez la lettre suivante d'une jeune fille.

J'ai un urgent besoin de conseils et d'aide. En vous écrivant, j'aurai peut-être la chance de recevoir une réponse qui m'aidera. J'ai 23 ans et, il y a un peu plus de deux ans, j'ai rencontré un garçon de mon âge. Nous sommes tout de suite tombés amoureux l'un de l'autre et une relation solide et durable*, faite d'amour et de tendresse, nous unit sans que nous vivions ensemble. C'était le premier homme de ma vie. Nous ne sommes bien sûr pas toujours du même avis, c'est normal, je crois, dans tous les couples. D'ailleurs tout finit toujours par une heureuse réconciliation. Voilà, me direz-vous, une histoire qui a bien commencé et qui devrait continuer dans la plus parfaite tradition, par un mariage et, pourquoi pas, par des enfants. Rien d'original. Mais là est le problème. Il a fini par me dire combien il avait peur du mariage, même d'une vie commune en union libre. Il m'a dit qu'il ne se sentait pas prêt à prendre ce genre de responsabilités. Il avait peur de vivre un échec et l'idée d'avoir des enfants le paniquait*. Pour la première fois de ma vie, j'ai vu un homme pleurer. Il m'a dit qu'il m'aimait de toutes ses forces mais qu'il ne pouvait créer une famille. Il a ajouté qu'il comprendrait très bien que je le quitte pour faire mon bonheur avec un autre. J'ai essayé de lui faire comprendre que j'étais prête à attendre, que je ne pouvais être heureuse qu'avec lui. Mais rien n'y a fait. Qu'est-ce que je dois faire? Le quitter et chercher ailleurs un homme qui fondera une famille avec moi? Mais je l'aime trop, une séparation est impensable. Attendre que le temps le fasse changer d'avis? Tout se mélange dans ma tête. Je vous en prie, aidez-moi. Dites-moi ce que vous feriez à ma place.

Béatrice.

* *durable* dauerhaft – *paniquer* in Panik versetzen

1. Comment est la relation entre les jeunes gens?

2. Pourquoi est-ce que la jeune fille écrit au journal?

3. Comment est-ce qu'elle réagit?

4. Répondez maintenant à la lettre de cette jeune fille pour l'aider à prendre une décision.

1. Destination Côte d'Or

Trouvez dans chaque texte toutes les informations qui correspondent au « dictionnaire touristique ».

Exemple: Chambolle-Musigny	X			X	X		X				
1. Meursault											
2. Beaune											
3. Saulieu											
4. Flavigny-sur-Ozerain											
5. Montbard											

église
château, tour
musée
vieux quartier
gastronomie
fête locale
vin
belle vue et beau paysage
sports et loisirs
industrie et commerce
voies de communication

Exemple:
Chambolle-Musigny: village pittoresque dont les vins sont connus dans le monde entier. A visiter: la vieille église avec ses peintures* du XVIe siècle*. Restaurants typiques où on sert des spécialités régionales.

1. ***Meursault:*** Capitale* des grands vins blancs de Bourgogne. Ses riches vignobles* s'étendent sur plus de quatre cents hectares. Le 3e lundi de novembre, c'est la fête de « La Paulée » de Meursault: un grand repas au lendemain de* la vente des vins, où chacun apporte quelques-unes de ses meilleures bouteilles.
A voir: l'église St-Nicolas (IVe siècle), construite sur le modèle de la cathédrale d'Autun, puis l'Hôtel de Ville, l'ancien château et l'Hôpital (XIIe).

2. ***Beaune:*** le centre le plus caractéristique de la Bourgogne, une ville d'art* et de prestige historique. Les visiteurs admirent ses anciens remparts couverts de verdure, ses vieilles maisons, ses musées, sa Basilique Collégiale* Notre-Dame et son Hôtel-Dieu. La « Vente des Vins des Hospices de

On discute encore passionnément, dans les cafés, là-dessus. La question reste ouverte, mais ce qui est important, c'est que ces choses-là soient dites ou écrites, car tout est là, croyez-moi, pour vous qui passez sur cette autoroute, et qui ne savez pas, pour comprendre le « Pays » et les « Hommes », la Bourgogne et les Bourguignons.

D'après Henri Vincenot: Ma Bourgogne. L'Express, 27-8-1982

* *le troupeau* Herde – *la roue* Rad – *patiner* hier: sich auf der Stelle drehen

Lisez attentivement le texte et marquez la phrase qui convient.

1. Quand on roule sur l'autoroute, on ne remarque rien de cette région
   a) parce qu'il y a du soleil. ☐
   b) parce qu'on roule très vite. ☐
   c) parce qu'on roule en montagne. ☐
2. a) Les guides touristiques donnent assez d'informations sur la Bourgogne et ses habitants. ☐
   b) Les gens racontent une histoire amusante qui fait comprendre le pays et ses habitants. ☐
   c) Les gens racontent une légende qui est tellement exagérée qu'elle donne de fausses informations sur le pays et ses habitants. ☐
3. Le tunnel a été construit
   a) pour transporter les escargots à Paris et dans le Midi. ☐
   b) pour ne pas déranger les escargots. ☐
   c) parce qu'on avait peur que les trains ne puissent continuer leur chemin. ☐
4. Mais on entend aussi dire que la construction du tunnel a été nécessaire
   a) parce que la montagne était trop haute. ☐
   b) parce que la circulation des trains français venait de s'arrêter. ☐
   c) parce que les ingénieurs voulaient essayer les nouvelles pelleteuses. ☐

4. Le train et la campagne

Cherchez dans le texte tous les substantifs qui se rapportent

a) aux trains/aux voitures

____

____

____

b) au paysage/à la nature

____

____

____

5. Une bonne soupe

a) *Voilà la recette de la soupe aux carottes et à l'estragon qu'on mange en Bourgogne. Prenez-la en notes après l'avoir écoutée une deuxième fois.*

faire revenir hier: andünsten

Il faut pour 4 personnes:

__________ les carottes en rondelles. __________ les oignons et les poireaux. Faites revenir les oignons __________, puis ajoutez __________.

Couvrez __________. Ajoutez l'estragon, puis __________ __________, du sucre, du sel et du poivre. Laissez cuire lentement au moins __________. Passez au mixer et __________. Ajoutez __________ de crème __________ dans chaque assiette au moment de _____ __________.

Essayez la recette et servez la soupe bien chaude avec du pain de campagne. Bon appétit!

b) *Un plat que j'aime bien.*

Formulez une recette de votre région. Utilisez le vocabulaire du manuel si c'est nécessaire.

6. Famille de mots

Trouvez les adverbes correspondant aux adjectifs suivants. Si nécessaire, regardez la grammaire dans votre manuel, p. 160.

1. vrai
2. bon
3. juste
4. doux
5. complet
6. actuel
7. mauvais
8. heureux
9. constant
10. attentif
11. absolu

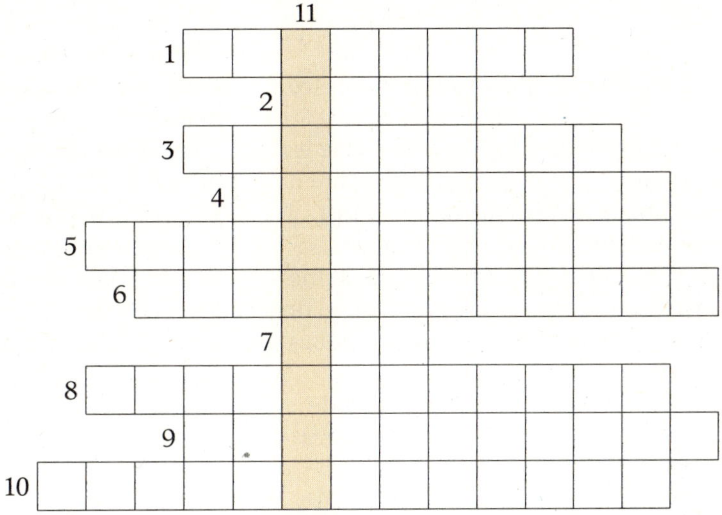

7. Ce n'est pas forcément facile.

Complétez les phrases en utilisant les adjectifs et les adverbes correspondants:
autre, complet, doux, juste, mauvais, seul.

1. C'est décidé. Je vais chercher un ________________ emploi. ________________ je ne gagnerai jamais assez d'argent pour acheter une maison.
2. Je trouve que ce n'est pas ________________ qu'il y ait toujours des différences entre les salaires des hommes et des femmes.
   – Tu as raison. Mais cela va changer. Je viens ________________ de lire un article sur les nouvelles lois.
3. Si tu préfères partir ________________ en vacances, d'accord. ________________ ne t'étonne pas si je pars de mon côté aussi.
4. Qu'il est beau ce bébé qu'elle tient dans ses bras. Il a la peau si ________________.
   Elle chante ________________ pour qu'il continue à dormir.
5. Pardon, est-ce que vous auriez une chambre de libre? Je me suis ________________ perdu sur la route et je voudrais passer la nuit ici.
   – Je regrette, notre hôtel est ________________.
6. Quel restaurant! Comment peut-on faire aussi ________________ la cuisine?
   Je n'ai jamais fait un aussi ________________ repas!

8. Limoges

Limoges, avec ses 145.000 habitants au centre d'une agglomération de 175.000 habitants, est la capitale régionale du Limousin. Fondée sur un bras de la Vienne*, au carrefour des routes de Compostelle et de l'Atlantique, Limoges était déjà au Moyen-Age un centre artistique et culturel, et son importance dépassait les frontières du Limousin. Elle est connue depuis ce temps-là pour la qualité de ses émaux*, mais depuis longtemps aussi pour sa porcelaine. Au cœur d'un pays d'élévage*, la ville soigne une très ancienne tradition du commerce de la viande que l'on retrouve dans ses petites rues aux boutiques pittoresques.

La porcelaine: La première porcelaine de Limoges a été produite en 1771, juste après qu'on ait découvert pour la première fois du kaolin* à Saint-Yrieix, près de Limoges. La fabrication a suivi l'évolution des techniques et des modes. Au XIXe siècle, la porcelaine de Limoges était déjà connue dans le monde entier pour sa qualité et son style. Tous les ans, une exposition à l'hôtel de ville montre l'étonnante diversité* de production des manufactures.

L'émail: Depuis le XIIe siècle, les émaux de Limoges ont une grande réputation. De nombreux ateliers continuent à travailler dans la même tradition. On peut admirer une grande collection au Musée municipal.

* *Vienne* Nebenfluß der Loire – *l'émail (pl.: émaux) m* Email – *l'élévage m* Viehzucht – *le kaolin* Porzellanerde – *la diversité* Vielfältigkeit

1. Quel est le nombre d'habitants de Limoges?

____

2. Quelles sont les grandes spécialités de la ville?

____

3. Quel commerce pratique Limoges?

____

4. Où est-ce qu'on peut visiter une exposition de porcelaine?

____

5. Depuis quand est-ce que les émaux de Limoges sont connus?

____

6. Où est-ce qu'on peut voir une collection d'émaux?

____

Limoges 1784/1788, Musée Adrien-Dubouché.
Photo: Pierre Feuillade, Limoges.

9. Découverte du Limousin

Vous résumez un petit voyage que vous avez fait dans le Limousin. Utilisez le passé composé ou l'imparfait.

Découverte du Limousin

1er jour

Arrivée hôtel** Limoges, dîner, nuitée.

2e jour

Départ 8h30: découverte de la Vallée de la Vienne jusqu'à Aixe-sur-Vienne; visite de la Maison de la Porcelaine.

11h: visite guidée des vieux quartiers de Limoges, la rue de la Boucherie, la Cour du Temple ou la Cité.

13h: déjeuner à Limoges.

15h: visite du Musée Adrien-Dubouché, musée national de la céramique rassemblant 10.000 pièces de porcelaine et faïence de toutes époques et tous pays.

16h30: départ pour Saint-Léonard-de-Noblat: ville de caractère médiéval* dominant la Vienne; visite de la Collégiale romane.

19h30: retour à l'hôtel; apéritif au bar, dîner gastronomique et soirée animée par un groupe folklorique limousin.

3e jour

8h30: départ pour Aubusson; visite de l'exposition de tapisseries anciennes et contemporaines à l'Hôtel de Ville d'Aubusson; visite du Musée de la tapisserie au Centre Culturel «Jean-Lurçat»; visite de la ville.

12h30: déjeuner gastronomique.

15h: visite du lac de Vassivière, plus de mille hectares dans un environnement* d'une rare qualité; musée promenade de la sculpture sur granit.

Fin du programme.

Prix: par personne sur la base de 2 personnes par chambre. Boissons non comprises: à partir de 690 F.
Possibilité de transport en bus en supplément.
Nombre de participants: 30 personnes minimum.

Le premier jour, nous ________________ à l'hôtel où nous ________________ et ________________ la nuit.
Le deuxième jour, nous ________________ à 8h30 pour découvrir la Vallée de la Vienne. A 11h, nous ________________ une visite guidée des vieux quartiers de Limoges. Le déjeuner ________________ à 13h. A 15h, nous ________________ le Musée Adrien-Dubouché où nous ________________ beaucoup de porcelaine et de faïence. A 16h30, nous ________________ vers Saint-Léonard-de-Noblat et ________________ la Collégiale. A 19h30, nous ________________ à l'hôtel où il y ________________ un dîner gastronomique. Nous ________________ ensuite à une soirée folklorique.
Le troisième jour, le départ pour Aubusson ________________ à 8h30. Nous ________________ une exposition de tapisseries, puis le musée de la Tapisserie, et ensuite nous ________________ le tour de la ville. A 12h30, il y ________________ de nouveau un déjeuner gastronomique. A 15h, nous ________________ au lac de Vassivière. Puis nous ________________ à la maison. C'________________ très intéressant.

* *médiéval,e* mittelalterlich – *l'environnement m* Umgebung

10. Quel mot prendre?

Complétez par âgé – ancien – jeune – nouveau – vieux.
Regardez la grammaire dans votre manuel, p. 154, si c'est nécessaire.

1. La fabrication de la porcelaine de Limoges repose* sur une ________ tradition.
2. Le ________ Bourgogne est un vin rouge connu dans le monde entier. Tous les ans, en automne, on boit le vin ________ de la région.
3. François habite la campagne, dans une maison très ________, du XVIe siècle, un ________ petit château. Dans le parc, il y a beaucoup de ________ arbres. Le plus ________ arbre a cent ans.
4. Madame Launey a quatre enfants. La plus ________ va encore à la maternelle et le plus ________ est déjà au lycée.
5. Charles s'est fait un ________ ami. Il est content parce que de tous ses ________ amis, il n'est plus en contact qu'avec Philippe, son plus ________ ami d'ailleurs.
6. M. Maurin est un ________ homme, il a 85 ans. Sa sœur est encore plus ________ que lui, elle a 88 ans.
7. Beaucoup de personnes ________ habitent dans une maison de retraite.
8. Germaine vient d'acheter une ________ voiture, plus confortable que l'________ Peugeot qu'elle avait depuis dix ans et qui était vraiment un ________ modèle.

**reposer* hier: zurückgehen auf

11. Ce que la poste vous apprend sur la France.

Lorsque vous recevez une lettre, regardez bien le tampon* de la poste. Il vous apprendra des détails sur la ville ou la région d'où vient cette lettre.

Par exemple:

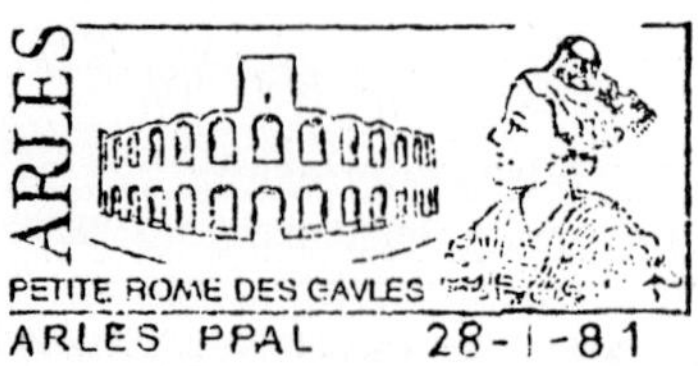

Arles est une ancienne ville romaine.
Il y a encore des arènes.

**le tampon* Stempel

8

Regardez le 2e tampon d'Arles.
Qu'est-ce qu'il vous dit?

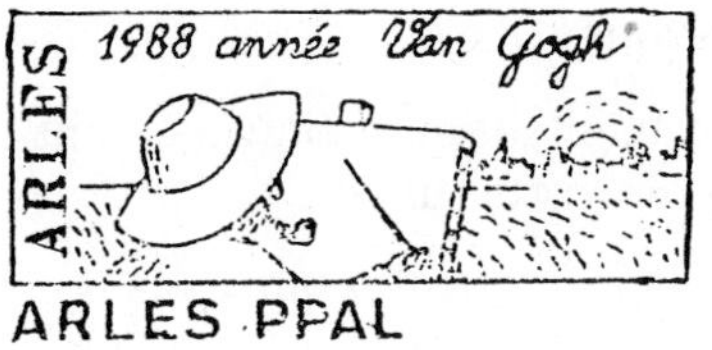

____

____

____

Maintenant, dites ce que vous apprenez sur les autres villes. Pour vous aider, quelques mots:

la falaise Felswand – *la maison à colombages* Fachwerkhaus – *le site enchanteur* reizvolle Landschaft – *natal,e: où est né* – *Aude: département français* – *le palmier* Palme

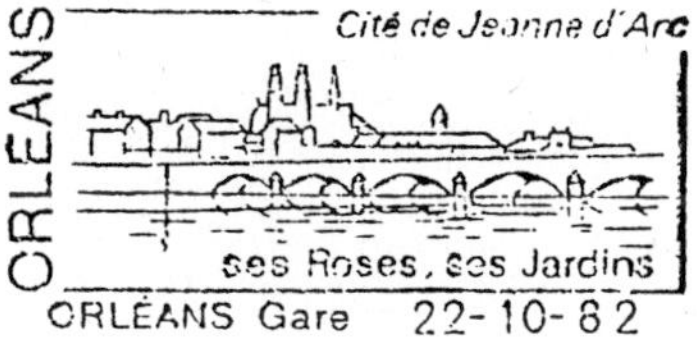

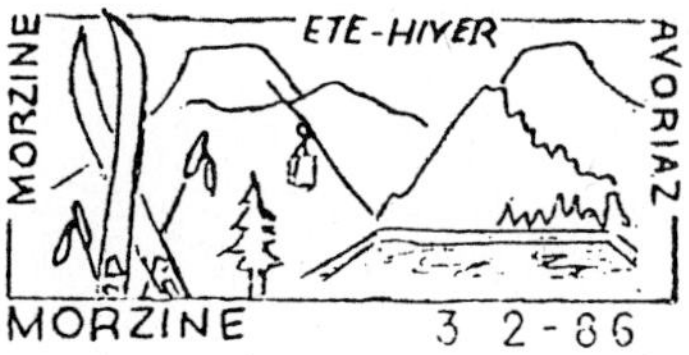

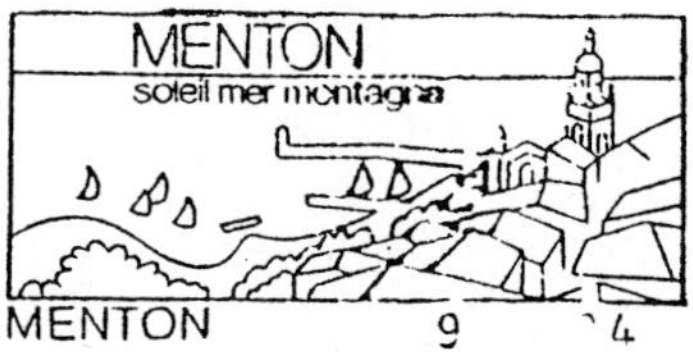

____

____

____

____

____

____

____

____

____

12. Renseignez-vous.

Vous connaissez maintenant quelques détails sur différentes régions françaises. Vous avez peut-être envie d'en visiter une.

Ecrivez une lettre au syndicat d'initiative de la région qui vous intéresse pour avoir des renseignements plus complets sur la région et ses curiosités, les hôtels et restaurants, les loisirs et activités proposés, les circuits* pour jeunes ou personnes âgées.*

- Bretagne: Délégation régionale au tourisme
  3, rue d'Espagne
  BP 4175
  35041 Rennes Cédex
- Bourgogne: Comité régional de tourisme « Bourgogne »
  Conseil général de Bourgogne
  BP 1602
  21035 Dijon Cédex
- Limousin: Comité départemental du tourisme
  Hôtel du Département
  87000 Limoges
- Yonne: Comité départemental du tourisme de l'Yonne
  Association Yonne et Tourisme
  1–2, quai de la République
  89000 Auxerre

* *la curiosité* Sehenswürdigkeit – *le circuit* Rundfahrt

1. Où est-ce qu'ils vivent?

Dites si ces animaux sont domestiques et vivent avec les hommes (a) ou s'ils sont sauvages et vivent dans la nature (b).
Attention! Quelques animaux font partie des deux catégories.

1. l'agneau
2. le chien
3. l'escargot
4. le lapin
5. le poisson
6. la vache
7. le renard
8. le canard
9. le cheval
10. le chevreuil
11. le pigeon
12. le chat
13. l'oiseau
14. le faisan

2. De la niche* au divan

Nos chiens et chats nous mènent parfois la vie dure* sans qu'on sache très bien pourquoi. Ils se montrent têtus*, même agressifs. Attristé, vous regardez votre Rex ou votre Pussy et vous déprimez de le voir ainsi changé. Mais qu'est-ce que je lui ai fait? Seul un vétérinaire peut vous répondre car votre chien souffre peut-être du «syndrôme de privation*» ou de «l'anxiété de la séparation*». La plupart de ces cas peuvent être soignés avec des médicaments.
Mais le comportement du maître est aussi un facteur très important de la thérapie dans ce qu'on appelle «l'anxiété de la séparation». Les docteurs conseillent à tous ceux qui laissent un chien seul dans leur appartement et qui ne veulent pas retrouver leurs fauteuils Louis XV et chaussures en mauvais état, de ne pas sortir le chien juste avant leur départ. Car il reconnaît parfaitement à vos gestes, à votre façon de vous habiller que vous partez pour la journée. Promenez-le de bonne heure, revenez et partez seulement quelque temps plus tard en évitant les signes d'adieu ou de tendresse. Partez naturellement, sans vous occuper du chien et au retour faites de même. Lorsque vous aimez bien votre animal, c'est dur. Mais pour obtenir un résultat, vous devez accepter cette discipline. Ne caressez* votre chien que quand il est calme ou couché tranquillement dans sa niche. Ainsi vous n'aurez plus de problèmes au bout de deux mois. Et une thérapie médicamenteuse n'est pas toujours nécessaire.
Les animaux vivant avec une personne seule souffrent souvent du «syndrôme de privation». Chaque changement les rend agressifs, les déstabilise. Pour un boxer ou un berger allemand* habitué à vivre avec sa maîtresse, l'arrivée d'un homme ou d'un enfant le choque parce qu'il n'est plus le seul centre d'intérêt. Il essaiera de faire sentir au nouveau venu que c'est lui le chef. A vous de rétablir la hiérarchie. Il doit comprendre que c'est vous le maître. Commencez par l'alimentation. Evitez de servir le chien avant vous-même et de le regarder manger. Dans une meute, les dominés attendent et

**la niche* Hundehütte – *mener la vie dure à qn* es jdm schwer machen – *têtu,e* dickköpfig – *la privation* Entzug – *l'anxiété de la séparation* Trennungsangst – *caresser* streicheln – *le berger allemand* deutscher Schäferhund

regardent manger le dominant. Essayez en plus de stabiliser le chien socialement avec quelques médicaments. Au début de cette thérapie, faites-le jouer avec sa nourriture, ensuite avec une balle et des jouets de plus en plus bruyants. Enfin, participez à ses jeux tout en le promenant dans des endroits de plus en plus animés pour calmer sa peur.
Même s'ils sont plus épargnés, les chats ont aussi des «problèmes psychologiques». Il est vrai, qu'on respecte plus leur indépendance et leur instinct sauvage. Mais faites attention! Ne laissez jamais un petit chat griffer * plus que de raison et faites comme sa mère: prenez-le par le cou et secouez *-le bien fort. Mais surtout ne le frappez * pas.

Ce n'est pas toujours facile de comprendre l'animal qui vit auprès de nous. Ne le laissez pas déprimé. Avant qu'il ne vous déprime.

D'après: Béatrice Delorme, Marie-France, novembre 1988

* *griffer* kratzen – *secouer* schütteln – *frapper* schlagen

Indiquez si les arguments suivants sont vrais ou faux.

1. Vivre avec un chien est sans problèmes.
2. Les vétérinaires ne donnent jamais de médicaments contre l'anxiété de la séparation aux animaux.
3. Les maîtres sont toujours seuls responsables si leurs animaux se montrent agressifs.
4. Un chien vivant avec une personne seule n'accepte pas facilement d'autres personnes.
5. Quand on vit avec un animal, on doit respecter certaines règles.
6. La nourriture ne joue aucun rôle important dans la thérapie.
7. Avec un chat, on n'a jamais de problèmes.

vrai	faux

3. Ni l'un ni l'autre

Formez des phrases d'après l'exemple avec les mots indiqués.

Exemple: jeter / allumettes * / cigarettes
En forêt, ne jetez ni allumettes ni cigarettes ________________.

1. boire / café / thé
   Elle ne veut que de l'eau. Elle ________________.

2. connaître / Londres / Paris
   Il ne voyage jamais. Il ________________.

3. boire / vin / cognac

   ________________ quand vous conduisez.

4. aller / cinéma / théâtre
   Ils regardent la télé tous les soirs. Ils ________________.

5. mettre / foulard / pull

   Ils ________________ même s'il fait très froid en hiver.

6. manger / viande / poisson

   Les végétariens ________________.

* *l'allumette f* Streichholz

4. Tout se passe bien.

Complétez les phrases par tout, toute ou toutes.

Pascale est ________ contente. Elle passera ses vacances dans la ferme de ses grands-parents, en pleine campagne. La ferme se trouve ________ près d'une forêt. Elle est ancienne et les meubles sont ________ vieux, sauf à la cuisine qui est ________ moderne. On l'a renovée l'année dernière. Sa chambre est ________ petite et se trouve ________ en haut sous le toit. Elle sait qu'il y a deux ________ petits chats qui viennent de naître. Elle pourra jouer avec eux. Et le matin, elle ira chercher des légumes ________ frais et elle regardera s'il y a déjà des pommes ________ rouges à manger.

5. Le vélo solaire roule moins vite par temps gris.

Photo: Francis Latreille, France-Soir

Deux vélos jumelés*, coiffés d'un « attrape*-soleil » avec chacun un petit moteur non-polluant, c'est le «vélo solaire» qui peut rouler jusqu'à 60 km/h. Il a été présenté à Paris le mois dernier. Bien sûr, il faut du beau temps. Sans soleil, ça va moins vite. Mais quand le ciel est bleu, sans nuages, ce vélo pas comme les autres, vous transportera sur 250 km, à la vitesse de 35 km/h de moyenne. Son nom: « Cèdre 800 Tétra-Sélectric ».

D'après: France-Soir, 3–5–1988

**jumelé,e* Zwillings- – *attraper* fangen

a) *Cherchez dans le texte des arguments pour et contre le vélo solaire.*

b) *Formulez à l'aide des mots suivants d'autres arguments pour ou contre ce vélo solaire:* place – prix – permis de conduire – problèmes dans la circulation – nature

6. Aujourd'hui, on jette.

L'autre jour, dans la poche de mon vieux blouson, j'ai trouvé mon briquet. Un briquet que je n'utilisais plus depuis que j'ai arrêté de fumer, il y a quelques années. C'est un de ces briquets que l'on achète et puis que l'on jette quand il est vide.
Je me suis alors souvenu du beau briquet de mon père; un briquet comme on n'en fait plus. Il suffit que je ferme les yeux pour revoir ce briquet en métal et que monte dans mon nez l'odeur de l'essence. Papa et son briquet, c'était une histoire d'amour, ils ne se quittaient jamais, ils vivaient ensemble.
Aujourd'hui, on achète des stylos *, des briquets qui ne se rechargent plus, des rasoirs * qui se jettent. Avec les années, on a si bien appris à jeter ce qu'on n'aime plus.

D'après: Alois Chambol, La Croix. Dans: Sélection du Reader's Digest, Mai 1988

* *le stylo* Füllhalter – *le rasoir* Rasierer

Répondez aux questions:

1. Pourquoi est-ce que l'auteur de l'histoire n'utilisait plus son briquet?

   ____

2. On parle de deux briquets, celui du fils et celui du père. Dites en quoi ils sont différents.

   ____

3. Dites pourquoi on jette facilement aujourd'hui.

   ____

   ____

7. Et ce qu'on ne jette pas …

Il y a des objets que nous gardons – dans un placard, à la cave – même s'ils ne servent plus à rien, par exemple: une valise, des souvenirs de voyage, un poste de télé/de radio, un appareil photo, une casquette, un appareil électrique, etc.

Décrivez « votre » objet et dites pourquoi vous ne voulez pas le jeter.

____

____

____

____

____

____

____

____

____

9

8. *Re*commencez!

Complétez les phrases par les verbes ci-dessous en ajoutant « re »:

commencer – venir – faire – travailler – descendre – trouver – prendre.

Exemple: Les briquets bon marché, on ne les recharge pas, on les jette.

1. Philippe n'est pas là, mais il __________ dans deux heures.
2. Elle avait perdu son parapluie. Elle vient de le __________ chez son amie.
3. Paule doit __________ son travail parce qu'il n'est pas bien fait.
4. __________ cette lettre! Elle est mal écrite.
5. Beaucoup de femmes aimeraient __________ à 40 ans.
6. Je suis bien dans mon appartement au 6e. Seulement le soir, quand j'ai de la visite et que la porte en bas est fermée, je dois __________ pour ouvrir.
7. Au super-marché, on __________ les bouteilles vides.

9. Respectons la forêt!

Chaque année il y a des dégâts importants en forêt.

Ecoutez le texte et notez les règles proposées par la police.

Exemple: Ne fumez pas en forêt.

1. __________
2. __________
3. __________
4. __________
5. __________
6. __________
7. __________
8. __________
9. __________
10. __________

10. Pitié * pour la forêt!

Trouvez la solution à l'aide du texte dans le manuel p. 112. Ce que vous pouvez lire au n° 17 (verticalement) est mauvais pour la forêt.

1. Ils accusent les pluies acides d'être à l'origine de la maladie des forêts.
2. Il est menacé dans le monde entier.
3. Il a évolué trop vite pour les arbres.

4. Ils comptent par siècles.
5. On y voit que les arbres souffrent depuis vingt ou trente ans.
6. Il existe entre le temps des sociétés et le temps des arbres.
7. Il dévaste une forêt rapidement.
8. Ils perdent un peu trop vite leurs aiguilles quand ils sont malades.
9. Il a sauvé la forêt au lendemain de la Révolution.
10. Ce qu'il faut être pour découvrir le mal des forêts.
11. Il est urgent de les réduire pour protéger les forêts.
12. Il produit du soufre quand on le brûle.
13. Il faut être spécialiste pour le reconnaître.
14. Il contribue aux pluies acides.
15. Il suffit de les construire plus hautes, et on a un problème international.
16. Il faut les intensifier pour trouver les causes du dépérissement des forêts.

* *la pitié* Erbarmen

11. On en a assez maintenant!

Vous habitez une rue où il y a beaucoup de circulation. Ecrivez une lettre au maire / commissariat de police de votre ville / village pour demander des mesures contre le bruit.

Expliquez
- où vous habitez
- pourquoi vous écrivez la lettre
- qui, de votre avis, fait le plus de bruit
- pourquoi vous ne pouvez / voulez plus accepter la situation
- que vous n'êtes pas seul(e) à vous plaindre.

Proposez une / des solution(s):
interdire
- de stationner
- de klaxonner *
- toute circulation
- la rue aux camions / motos
- de rouler plus vite que 30 km/h.

* *klaxonner* hupen

1. Fêtes et traditions

a) *Dites ce qu'on fait en France le jour des fêtes suivantes:*

- 1er janvier (s'embrasser, présenter ses vœux*)
- Mardi-Gras (crêpes)
- 1er avril
- Pâques
- 14 juillet
- Toussaint (fleurs, tombes)
- 11 novembre (armistice, défilé, discours)
- Noël

b) *Essayez maintenant d'expliquer avec des phrases simples ce qu'on fait dans votre pays le jour:*

- de la fête des pères
- de la Saint Sylvestre
- du 17 juin / de la fête nationale

* *les vœux m pl* Glückwünsche

2. La fête des mères

Dans beaucoup de pays, on célèbre la fête des mères, à des dates différentes d'ailleurs. Certains pensent que c'est bien, d'autres sont contre cette fête.

Cherchez les arguments des uns et des autres.

Pour: ____________________

____

____

____

____

Contre: ____________________

____

____

____

____

3. Devinez!

Ecoutez l'anecdote sur la cassette et devinez de quelle fête il s'agit.
Si vous ne croyez pas ce que vous raconte cette jeune femme, regardez bien dans le ciel à __________ prochain!

la cloche Glocke – *cacher* verstecken

4. Drôle d'anniversaire

Le vendredi, c'est la dame du 3ᵉ, Madame Laroulette, la maman de Stéphanie, qui va chercher à l'école tous les enfants de l'immeuble. Ce jour-là, quand les enfants arrivent, Madame Duflan, la maman de Jean et Marc, les appelle par la fenêtre du deuxième:
– Venez mercredi. C'est l'anniversaire de Jean. Il va avoir six ans. Je vous ferai un maxi-gâteau avec six bougies et plein de crème.
Madame Duflan est très bonne patissière.
Madame Laroulette dit: – Chouette! Pour fêter ça, moi, je vais organiser un rallye de planches à roulettes* sur le trottoir.
Madame Lacoiffe, la maman d'Annie et de Cédric, ajoute:
– Bonne idée! Et pour finir, on fera un bal costumé.
Madame Lacoiffe invente toujours des déguisements* drôles. Et voilà, c'est décidé comme ça.
Mais lundi, Annie vient dire aux enfants:

– Mardi, papa doit travailler toute la nuit. Alors mercredi, il va dormir et il ne faudra pas faire de bruit. C'est raté* pour le bal costumé.
Et mercredi matin, c'est Jean qui dit:
– Maman a attrappé la grippe. Il faut qu'elle reste au lit. C'est raté pour le gâteau.
Et voilà qu'au moment de commencer le rallye de planches à roulettes, il se met à pleuvoir. Vraiment, c'est raté, raté, raté!
Un peu plus tard, un camion de déménagement s'arrête juste devant l'immeuble:
– Ce sont nos nouveaux voisins, ceux qui vont habiter au 4e.
Stéphanie, Marc, Jean, Annie et Cédric descendent vite l'escalier pour aider les déménageurs à transporter les caisses et les cartons. Quand tout est installé dans l'appartement, on ouvre un grand carton avec des harmonicas, une trompette et un accordéon. C'est une famille très musicienne. Le concert commence et tout le monde chante pour Jean: Joyeux anniversaire! Et c'est le plus réussi des anniversaires!

D'après un texte de Jean Fauroux dans Pomme d'Api No 268, Juin 1988

* *la planche à roulettes* Skateboard – *le déguisement* Verkleidung – *c'est raté pour* es wird nichts aus

Relisez le texte. Complétez les phrases et mettez les verbes à l'imparfait ou au conditonnel.

Si ce n'était pas l'anniversaire de Jean,

a) 1. ... madame Duflan n'________________ pas les enfants. (inviter)
2. ... elle ne ________________ pas de gâteau avec six bougies. (faire)
3. ... madame Laroulette n' ________________ pas de rallye de planches à roulettes. (organiser)
4. ... madame Lacoiffe ne ________________ pas aux enfants un bal costumé. (proposer)

b) 1. Si le père d'Annie ne ________________ pas la nuit, il ne ________________ pas pendant la journée. (travailler / dormir)
2. Si la maman de Jean n'________________ pas la grippe, elle ________________ un gâteau à la crème. (attraper / faire)
3. S'il ne ________________ pas, les enfants ________________ pour le rallye. (pleuvoir, sortir)
4. Si les nouveaux voisins n'________________ pas musiciens, on ne ________________ pas. (être / chanter)

5. La fête s'est bien passée.

Vous écrivez à un(e) ami(e) qui n'a pas pu venir à votre fête. Vous lui dites comment chacun des invités a participé aux préparatifs.
Faites des phrases à la forme passive.

Exemple: Daniel a composé le repas.

Le repas a été composé par Daniel.

1. Paule a fait les commissions.
2. Charles a acheté le rôti.
3. Jacob a choisi les vins.
4. Jeanette a proposé la recette du dessert.
5. Christine a haché le persil et les oignons.
6. René a coupé le lard.
7. Dominique a lavé la salade.
8. Martine a battu les blancs d'œufs.
9. Et Guy a offert l'apéritif.

6. C'est la fête.

Racontez une fête que vous avez organisée vous-même en famille ou entre ami(e)s.

7. Je me laisse vivre.

Vous connaissez maintenant plusieurs formes du passif. Cherchez la traduction correcte des phrases suivantes:

1. Noël, ça se fête en famille.

2. Le jour de la fête des mères, souvent les mamans se font servir par leur mari et leurs enfants.

3. Les jouets se vendent particulièrement bien à l'époque de Noël.

4. « Bonne année et bonne santé », c'est ce qui se dit le 1er janvier.

5. Les chocolats sont vendus moitié prix le lendemain de Pâques.

6. Ne te laisse pas faire: même si le noir se porte beaucoup cette année, c'est une couleur qui ne te va pas.

7. Les sapins des Vosges sont exportés dans le monde entier.

8. Le menu du Jour de l'An était composé de huit plats.

8. Les grandes dates de la Révolution

Complétez les phrases qui accompagnent le tableau en mettant les verbes au passif.

1787 échec de l'Assemblée des Notables*, réunie par Calonne, devant la crise financière.	L'Assemblée des Notables ______________ ______________ par Calonne.
1788 le Roi convoque les Etats généraux pour le 1er mai 1789.	Les Etats généraux ______________ ______________ par le Roi.
1789 - février / mai: les élections* se déroulent dans une atmosphère de crise économique et de confusion.	Les élections ______________ ______________ (accompagner) d'une mauvaise atmosphère.
- 5 mai: ouverture des Etats généraux.	Les Etats généraux ______________ ______________ par le Roi.
- 17 juin: le Tiers se proclame Assemblée Nationale.	
– 20 juin: Serment du Jeu de Paume.	Le serment du Jeu de Paume ______________ ______________ (prêter) par les députés du Tiers.
– fin juin / début juillet: le Roi rassemble les troupes autour de Paris.	Les troupes ______________ autour de Paris.
– 9 juillet: les Etats généraux se proclament Assemblée Nationale Constituante.	
– 11 juillet: le Roi renvoie Necker.	Necker ______________ par le Roi.
– 13 juillet: formation à l'Hôtel de Ville d'un Comité permanent (municipalité) et création d'une Milice bourgeoise.	Un Comité permanent ______________ ______________ à l'Hôtel de Ville et une Milice bourgeoise ______________
– 14 juillet: attaque de l'Hôtel des Invalides. La foule prend les armes qu'elle y trouve.	L'Hôtel des Invalides ______________ ______________ Les armes ______________ __________ par la foule.
puis attaque de la Bastille. Vers 17 heures, prise de la Bastille.	Vers 17h, la Bastille ______________ ______________.
– 16 juillet: renvoi des troupes et rappel de Necker.	Les troupes ______________ et Necker ______________

– nuit du 4 août: abolition des privilèges.	Les privilèges ______________ .
– 26 août: vote de la Déclaration des Droits de l'Homme et du Citoyen.	La Déclaration des Droits de l'Homme et du Citoyen ______________ .
– 5 octobre: marche du peuple sur Versailles.	
– 6 octobre: on ramène le Roi et sa famille à Paris.	Le Roi et sa famille ______________ à Paris.

* *les Notables m pl* die Oberschicht bildende, führende Persönlichkeiten (Notablen) bis zur frz. Revolution – *l'élection f* Wahl

9. La vie de Louis XVI

Ecoutez le court portrait de Louis XVI fait par un historien lors d'une émission à la radio. Complétez ensuite le tableau ci-dessous pour retrouver les élements importants de sa vie.

succéder nachfolgen – *la serrurerie* Schlosserei – *le prisonnier* Gefangener – *s'enfuir* flüchten – *condamner à* verurteilen

Louis XVI

né le: ______________

à: ______________

mort le: ______________

roi de France de: ______________ à 1792

qualités physiques: ______________

caractère: ______________

attitude avant la révolution: ______________

____

____

attitude pendant la révolution: ______________

____

____

les dernières années de sa vie:

– 21 juin 1791: ______________

– 10 août 1792: ______________

– 17 janvier 1793: ______________

– ______________: il est guillotiné.

10. Portraits de révolutionnaires

Georges Danton
(1759–1794)

Georges Danton naît à Arcis-sur-Aube, en Champagne, le 26 octobre 1759. Bien qu'il manque de ressources, il deviendra quand même avocat plus tard. Danton est connu pour sa laideur*, mais il s'impose grâce à sa forte voix. Dès le début de la Révolution, il y participe et réclame la liberté de presse et de réunion. Quand le Roi est arrêté* à Varennes le 21 juin 1791, il demande sa déchéance*. Il fait partie des organisateurs de la journée du 10 août 92, date à laquelle Louis XVI est envoyé en prison. Ministre de la Justice à partir du 11 août 1793, il laisse faire les massacres de septembre dans les prisons. Mais il entre rapidement en conflit avec Robespierre qui voit en lui un rival. Il est arrêté le 30 mars 1794 et guillotiné le 5 avril à Paris.

Olympe de Gouges
(1748–1793)

Olympe de Gouges est née en 1748, à Montauban, où elle passe sa jeunesse. Elle monte à Paris dans les premières années du règne de Louis XVI. Sa grande beauté lui vaut une assez mauvaise réputation. Courtisane? Demi-mondaine*? Femme politique? Difficile à dire. Elle adopte sans hésitation la cause des femmes. Malgré son manque de culture et sa mauvaise orthographe, elle participe aux grands courants d'idées, écrit des pièces de théâtre mais sans grand succès. Elle rédige ensuite des brochures patriotiques. Mais elle affirme son féminisme dans son œuvre la plus originale, «La Déclaration des Droits de la Femme et de la Citoyenne» où elle remplace le mot homme par le mot femme. D'abord actrice de la Révolution, elle en sera victime* quand elle se déclare contre la condamnation de Louis XVI et contre la Terreur. Elle est guillotinée le 3 novembre 1793.

Camille Desmoulins
(1760–1794)

Camille Desmoulins naît à Guise, en Picardie, le 2 mars 1760. Très vite, on découvre son talent à bien parler. Il devient avocat à Paris en 1785. Il tient son premier rôle dans la Révolution le 12 juillet 1789 alors qu'il harangue* les foules dans les jardins du Palais-Royal pour leur annoncer que Louis XVI a renvoyé Necker. Il est un des principaux agitateurs des journées du 12 au 14 juillet qui se terminent par la prise de la Bastille. Il est un des premiers aussi à réclamer la proclamation de la République mais il est contre la Terreur* imposée par Robespierre. Il est arrêté le 30 mars 1794 et guillotiné le 5 avril, en même temps que Danton.

* *la laideur* Häßlichkeit – *arrêter* festnehmen – *la déchéance* Absetzung

* *la mondaine* Weltdame – *la victime* Opfer

* *haranguer* aufwiegeln – *la Terreur* Schreckensherrschaft (sept. 93 – juillet 94)

Maximilien Robespierre
(1758–1794)

Maximilien Robespierre est né le 6 mai 1758 à Arras, dans le Nord de la France. Il est l'un des seuls à vivre toute la Révolution, des Etats généraux jusqu'au 27 juillet 1794. Avocat à Arras, il est élu, en avril 89, comme député du Tiers Etat aux Etats généraux. Très vite, il défend les idées révolutionnaires. Il est très écouté à l'Assemblée et se fait remarquer en 1792 pour ses positions extrémistes. Il réclame la mort du Roi après son arrestation * et participe à la rédaction de la Constitution en 1793. Il fera guillotiner beaucoup de ses adversaires *, surtout ceux qui protestent contre le régime de la Terreur, comme Danton par exemple. Le pouvoir de Robespierre est à son plus haut point en juin 1794, quand il crée le culte de « l'Etre suprême » *, mais sa fin n'est pas loin non plus. Accusé de vouloir une dictature personnelle, il est arrêté le 27 juillet 1794 et guillotiné le 28.

* *l'arrestation f* Festnahme – *l'adversaire m / f* Gegner – *l'Etre suprême m* das Höchste Wesen

Lisez les quatre portraits, puis faites notre petit test.

1. Qu'est-ce qu'ils ont tous en commun?

____

____

2. Qu'est-ce que les hommes seulement ont en commun?

____

____

3. Qui était contre la Terreur?

____

____

4. Qui s'est élevé contre la condamnation à mort du Roi?

____

5. Qui était le plus extrémiste de tous?

____

6. Quel est le rôle de Danton le 10 août 1792?

____

____

____

7. Quel rôle est-ce que Desmoulins a joué?

____

____

____

8. Qu'est-ce qui caractérise Olympe de Gouges?

____

9. Pour quelle action est-ce que Robespierre est le plus connu?

____

____

10. Qui est mort le plus vieux / la plus vieille?

____

11. Le Bicentenaire de la Révolution

En 1989, on fête le Bicentenaire de la Révolution française. L'Etat français a chargé une « Mission du Bicentenaire » d'organiser cet anniversaire.
Lisez un extrait d'une interview du président de cette mission, Monsieur Jeanneney, parue dans Le Monde du 7–10–88.

… «Monsieur Jack Lang vient d'annoncer et d'expliciter avec vous un calendrier de manifestations et d'interventions variées. Quelle en est la logique? Quels en sont les temps forts que vous évoquez?
– Il fallait donner à lire avec éclat l'essentiel de ce que cette Révolution nous a légué*, et pour cela s'organiser autour des grandes dates historiques.
Concrètement, après le coup d'envoi* du 1er janvier et la plantation d'arbres du Bicentenaire le 21 mars 1989 dans toutes les communes de France, nous célébrerons le 5 mai le début des Etats généraux. Le week-end de l'Ascension sera, à Versailles, l'occasion d'une reconstitution de ce qui s'est fait voici deux cents ans au point de départ.
Ce qui se prépare autour de juin sera un hommage* à la naissance de la souveraineté populaire, à cette rupture définitive, le pouvoir ne pouvant plus venir désormais que du peuple. Il y aura ensuite tout notre grand week-end du 14 juillet, où nous rappelons que nous fêtons à la fois la prise de la Bastille et la fête de la Fédération.
Nous voulons, d'une part, une manifestation à caractère directement historique. Nous avons demandé une première réflexion à Jean-Paul Goude* et à Charles Gassot* pour un spectacle qui sera évocateur de l'arrivée à Paris de toutes les forces vives de la nation, autour du thème de la Marseillaise. D'autre part, nous souhaitons ici voir le lyrisme de Jean-Michel Jarre* enrichir ce grand week-end.
Le 26 août sera la fête des Droits de l'Homme. Outre les cérémonies à l'Arche de la Défense – qui prendra, aux yeux des générations futures, l'image de monument du Bicentenaire comme la Tour Eiffel l'est pour le Centenaire, – nous avons prévu un grand concert pour les jeunes. Il donnera l'occasion de concentrer le désir, que je sens chez beaucoup d'entre eux, de venir dire leur adhésion* aux droits de l'homme et leur volonté de réfléchir à leur adaptation pour notre temps.
Enfin – et ce sera le seul cas où l'anniversaire sera «accroché» à 1792 et non à 1789 – les 20 et 21 septembre à Valmy, en collaboration étroite avec le ministère de la défense nous organiserons un hommage double. A la naissance de la France administrative et démocratique moderne puisque c'est l'anniversaire de la première République. D'autre part aux noces* de l'armée et de la République – déjà l'Armée nouvelle de Jaurès – pour l'anniversaire de la victoire de Valmy.
Le projet s'inscrira aussi tout au long de l'année dans un certain nombre de lieux majeurs d'expositions permanentes. A Paris ce seront les Tuileries, la Villette, le Palais Royal et l'Arche de la Défense.
S'il revient à Paris, puisqu'il a été au centre de la Révolution, de donner tonalité à l'ensemble, les régions françaises ont tenu* à montrer au travers des fêtes qu'elles préparent ce qu'est pour elles la Révolution et nous favoriserons plusieurs projets itinérants qu'elles utiliseront à leur gré …»

* *léguer* hinterlassen – *le coup d'envoi* Startschuß – *l'hommage m* Huldigung – *J. P. Goude, Charles Gassot* Werbe- und Showmanager – *Jean-Michel Jarre* zeitgen. Komponist von elektr. Musik – *enrichir* bereichern – *l'adhésion f* Zustimmung – *les noces f pl* hier Verbündung – *tenir à* darauf bestehen

1. On organise les fêtes du Bicentenaire à partir des dates importantes de la Révolution.
2. Le début des manifestations est prévu pour le 21 mars 1989.
3. En juin, on fêtera le début de la souveraineté populaire.
4. Les cérémonies du 14 juillet ne doivent prendre qu'un caractère historique.
5. L'Arche de la Défense doit devenir le symbôle du Bicentenaire.
6. Le concert organisé pour les jeunes doit leur donner un sentiment de solidarité avec la Déclaration des Droits de l'homme.
7. Les manifestations du 20 et 21 septembre ne célèbrent que la naissance de la lère République.
8. Toutes les manifestations célébrant la Révolution doivent bien sûr se dérouler à Paris.

vrai	faux

1789

1989

LE LOGO
DU BICENTENAIRE
PAR FOLON

Lösungen zu den Testaufgaben im Lehrbuch

Testblock 1

Testaufgabe	Lösungen	Erreichbare Punktzahl
TA 1	=: B, D, G ≠: A, C, E, F, H, I, J	10
TA 2	1b) – 2c) – 3d) – 4c) – 5d)	5
TA 3	1b) – 2c) – 3a) – 4b) – 5c)	5
TA 4	qu'est-ce qui – penser – passerions – j'étais – venait – parler – disait – oublié – iraient – devait – pouviez	11
TA 5	Name: Jules Vanhaelewyn Adresse: 28, rue des Bourgeois de Calais Wimereux-Plage	2
TA 6	chômeur – spectacles – faciliter – vieillesse – loisirs – boulot/emploi – juin – maison de retraite – insolent – cataracte	10
TA 7	lirais – ferais – irais – serais – m'ennuierais	5
TA 8	1a) – 2c) – 3a)+b) – 4c) – 5b)+c)	7

Erreichbare Gesamtpunktzahl: 55

Testblock 2

Testaufgabe	Lösungen	Erreichbare Punktzahl
TA 1	A4 – B6 – C2 – D5 – E1 – F3	6
TA 2	A2 – B5 – C1 – D3 – E4 – F6	6
TA 3	1b) – 2b) – 3a) – 4c) – 5c)	5
TA 4	1a) – 2d) – 3b) – 4d) – 5a)	5
TA 5	1c) – 2d) – 3a) – 4e) – 5d) – 6c)	6
TA 6	a deménagé – était – avaient – pouvaient – était – avons visité – avait – allait – a mis – a reçu – a choisi	11
TA 7	1. riche, 2. moderne, 3. petit, 4. vieux, 5. chaud, 6. propre, 7. intéressant, 8. bon, 9. industriel, 10. calme	10
TA 8	1F – 2V – 3V – 4F – 5F – 6V	6

Erreichbare Gesamtpunktzahl: 55

Testblock 3

Testaufgabe	Lösungen	Erreichbare Punktzahl
TA 1	1F – 2F – 3V – 4V – 5F	5
TA 2	célibataire – enceinte – veuve – le divorce – adulte – union libre	6
TA 3	1g) – 2h) – 3a) – 4i) – 5c) – 6b) – 7e) – 8j) – 9f) – 10d)	10
TA 4	grave – dangereusement – dramatiques – constamment – lentement – difficile – heureusement – suffisant	8
TA 5	viennes – ont – sont – sorte – soit – est – aies – saches – veuille – pouvez	10
TA 6	1e) – 2c) – 3b) – 4e) – 5a) – 6c)	6
TA 7	que – où – qui – ce qui – ce que – qui	6
TA 8	1F – 2V – 3F – 4F – 5F – 6V – 7F – 8V – 9V	9

Erreichbare Gesamtpunktzahl: 60

Lösungen zu den Übungen im Arbeitsbuch

Die mit ▲ gekennzeichneten Lösungen sind nur als Vorschläge zu verstehen. Varianten sind möglich.

1

1. a) médecin b) malade c) ordonnance d) pharmacie e) médicament

2. 1. Il a mal aux dents. 2. J'ai mal à l'estomac. 3. Il a mal à la tête. 4. J'ai mal au foie. 5. J'ai mal à la gorge. 6. Elle a mal aux yeux. 7. Il a mal au pied. 8. Il a mal au dos.

3. 1. les yeux 2. les dents 3. les pieds 4. les oreilles 5. les doigts 6. les jambes 7. le foie

4. a) S.O.S Médecins ou Service médical ou le numéro 94.38. 89.00
b) A la pharmacie Berthod, 21, avenue des Iles-d'Or
c) Chez les Drs Charlier-Loison 94.24.45.75

5. – a) les diarrhées b) Il faut boire (beaucoup). c) 8 à 12 comprimés par jour, en 2 ou 3 fois.
– a) les signes et troubles digestifs = les problèmes de digestion b) 2 ampoules c) avant le petit déjeuner et avant le dîner

6. ▲
~ Est-ce que vous pouvez me recommander un médecin?
~ Est-ce que c'est un spécialiste pour ...?
~ Est-ce que vous pouvez m'écrire son adresse?
~ Est-ce que vous pouvez m'expliquer où il habite?

7. a) Il s'est coupé le pied. b) Oui, il est vacciné. c) Non, ce n'est pas grave parce que ce n'est pas profond. d) Il ne doit pas nager dans la mer. e) Au début de ses vacances.

8.
~ Qu'est-ce que tu as fait cet été/pendant les vacances?
~ Qu'est-ce qui te plaît dans ce pays?
~ Est-ce que tu es content de tes vacances?/ Est-ce que tout s'est bien passé?
~ Qu'est-ce qui t'est arrivé?
~ Qu'est-ce qu'on t'a volé?
~ Qu'est-ce que tu as fait?
~ Est-ce qu'on a/Est-ce que tu as retrouvé tes affaires?

9. 1. à 2. à 3. – 4. de 5. –/à 6. à 7. – 8. –/à 9. à 10. de

10. 1. Je n'y vais jamais. 2. Je n'ai confiance en personne. 3. Je ne veux voir personne. 4. Je ne mange plus rien. 5. Je n'ai rien. 6. Je ne pense à rien. 7. Je n'en fais jamais. 8. Je n'ai téléphoné à personne.

11. réveillait, allions, prenions, faisais, déjeunais, jouais, retournait, prenais, m'habillais, dînions, allions danser

12. était, travaillions, n'avions, partions, restions, faisions, écrivions, coûtait, n'avions, rencontrait, racontait, parlait, pouvait

13. ▲ J'allais à l'école. A midi, je mangeais à la cantine. Le soir, je faisais mes devoirs etc. ...

14. ▲ b) Une petite fille ne veut pas aller à l'école parce qu'elle a une composition. Elle dit qu'elle est malade pour pouvoir rester à la maison. Sa mère veut la soigner et lui dit tout ce qu'elle va faire: gouttes, médicaments, piqûres. Alors la petite fille préfère aller à l'école.
c) «La malade imaginaire» ou «Piqûre ou école» ou «Comment soigner vite une grippe» etc.

2

1. <u>Les appartements:</u>
– sont petits
– n'ont pas toujours le chauffage central ou électrique
– souvent sans lave-vaisselle
– avec congélateur
– presque tous ont la télé

L'argent:
– ont peu de patrimoine
– le livre de caisse d'épargne reste leur «bas de laine»
– achètent la viande et les légumes quand ils sont bon marché
– ont des voitures d'occasion

La famille:
– se marient souvent entre eux
– ont beaucoup d'enfants

Le travail:
– se lèvent tôt
– travaillent souvent la nuit

La nourriture et la santé:
– mangent peu de viande, mais beaucoup de pain et de pommes de terre
– utilisent le congélateur quand les légumes et la viande sont bon marché
– fument énormément

Les loisirs:
– se reposent
– dorment
– regardent la télé
– aiment les jeux
– regardent les matchs de football

Les vacances:
– ne partent pas souvent en vacances
– vont dans la famille ou chez des amis
– font du camping

2. 1. conducteur 2. journaliste 3. médecin 4. ouvrier 5. photographe 6. actrice 7. secrétaire 8. vendeuse 9. dentiste 10. serveuse 11. directeur 12. infirmière

3. 1.a – 2b – 3b – 4b – 5a – 6b

4. ▲
– J'ai lu votre annonce dans «Nice Matin» du ...
– Je suis ..., je voudrais ...
– Jusqu'à maintenant, j'ai travaillé comme ...
– J'ai mon permis de conduire.
– J'habite ...
– Je peux commencer à partir du .../le mois prochain ...
– J'aimerais me présenter.

5. 1. devraient 2. irait 3. faudrait 4. serait 5. aurait 6. tiendrait 7. pourrait 8. ferait

6. accepterais, ferais, préférerais, pourrais, aimerais, plairait

7.
~ Vous êtes étudiant?
~ Quand est-ce que vous travaillez?
~ Où est-ce que vous travaillez?
~ Qu'est-ce que vous faites?
~ Combien d'heures par jour est-ce que vous travaillez?
~ Et depuis quand?
~ Vous allez continuer?

8. quelque chose de – rien de – quelqu'un de – quelqu'un de – personne de – quelque chose de

9. 1. ce que 2. ce qui 3. ce que 4. ce qui 5. ce que 6. ce qui 7. ce qui

10.
1. Elle s'intéresse à quoi?/A quoi est-ce qu'elle s'intéresse?
2. Ils parlent de quoi?/De quoi est-ce qu'ils parlent?
3. C'est pour réparer quoi, ça?
4. Elle s'occupe de quoi?/De quoi est-ce qu'elle s'occupe?
5. Il faut penser à quoi?/A quoi est-ce qu'il faut penser?
6. On l'utilise pour quoi?/Pour quoi est-ce qu'on l'utilise?

11. 1V – 2V – 3V – 4F – 5V – 6F

12. 1F – 2V – 3F – 4V – 5V – 6V – 7F

13. 1F – 2F – 3V – 4V – 5V – 6F – 7F – 8V

14. Joëlle M.:
– retravaille à 43 ans
– tient un magasin de confection pour enfants
– travaille à plein temps
– aime rencontrer des gens
– fait elle-même des modèles pour bébés
– travaille pour son plaisir
– n'a pas de salaire
– pense à prendre une employée plus tard

Dr Marie-Josephe L.:
– continue ses études après son premier enfant
– arrête ses études quand elle attend son deuxième enfant
– a 4 enfants, à 29 ans
– divorce
– s'inscrit en faculté à 47 ans
– travaille comme médecin à l'hôpital et dans son cabinet
– a un métier qui lui plaît

3

1. – aller au cinéma, au théâtre, à la piscine
   – faire du football, du tennis, du sport, de la gymnastique, de la voile
   – jouer au football, au tennis, du piano, de la guitare
   – lire un roman, une histoire, un reportage
   – regarder la télé, un reportage

2.

	matin	après-midi
lundi	français	gymnastique
mardi	français	coiffeur
mercredi	français	gymnastique
jeudi	français	garde
vendredi	français	voiture
samedi	courses	garde
dimanche	à la campagne avec les enfants	

3. 1. Elle voudrait passer un week-end à Paris.
   2. Elle en a deux.
   3. Pour la première possibilité: visite guidée à Paris, en un jour.
      Pour la deuxième possibilité: deux jours, avec visite guidée de Paris et du château de Versailles, et du temps libre.
   4. Le voyage en avion, les visites guidées, deux déjeuners et deux dîners, une nuit dans un hôtel deux étoiles.
   5. Non, elle veut réfléchir encore un peu.

4. 1. Si j'étais jeune, je ferais du footing/du sport.
   2. Si j'avais le temps, je partirais aux Bahamas.
   3. Si j'avais une voiture, je m'arrêterais.
   4. Si j'avais de l'argent, je mangerais du poulet (tous les jours).
   5. S'il y avait du soleil, j'irais me promener.
   6. S'il m'aimait, il m'achèterait des fleurs.
   7. Si j'étais grand, je serais agent de police.
   8. Si j'avais une moto, j'irais à Lyon au week-end.

5. ▲ Par exemple: je dormirais jusqu'à 9 heures, ensuite je prendrais un bon petit déjeuner. Ensuite je mettrais une jolie robe/un pantalon agréable à porter etc.

6. 1. Si on ne laissait pas les médicaments sur la table, les enfants ne les mangeraient pas.
   2. Si les gens ne conduisaient pas si vite, il y aurait moins d'accidents.
   3. Si les jeunes avaient des diplômes, ils ne seraient pas en chômage.
   4. Si les conducteurs ne buvaient pas, ils ne perdraient pas leur permis de conduire.
   5. Si les avions étaient plus petits, ils feraient moins de bruit.
   6. Si les gens ne fumaient pas, ils n'auraient pas de cancer du poumon.
   7. Si les jeunes regardaient moins la télé, ils liraient sûrement plus.

7. 1g – 2e – 3b – 4f – 5a – 6h – 7d – 8c

8. 1. Si vous choisissez «September», vous pouvez aller à la séance de 20h30, mais vous ne verrez pas le début du programme.
      Si vous choisissez «Le festin de Babette», vous pouvez aller à la séance de 21h30 et vous verrez tout le programme.
      Si vous choisissez «Empire du soleil», vous pouvez aller à la séance de 22 heures et vous pouvez voir tout le programme.
   2. 32 Francs.

9. 1. On fait du coq au vin? – Si on faisait du coq au vin? – On pourrait faire du coq au vin.
   2. On fait un peu de footing avant le dîner? – Si on faisait un peu de footing avant le dîner? – On pourrait faire un peu de footing avant le dîner.
   3. On va au café après le cours? – Si on allait au café après le cours? – On pourrait aller au café après le cours.
   4. On achète une nouvelle voiture? – Si on achetait une nouvelle voiture? – On pourrait acheter une nouvelle voiture.
   5. On part en vacances en Corse? – Si on partait en vacances en Corse? – On pourrait partir en vacances en Corse.
   6. On va voir l'exposition? – Si on allait voir l'exposition? – On pourrait aller voir l'exposition.
   7. On va préparer un gâteau? – Si on préparait un gâteau? – On pourrait préparer un gâteau.
   8. On va dormir à l'hôtel? – Si on dormait à l'hôtel? – On pourrait dormir à l'hôtel.

4

1. 1. Mon (Son ...) fils est un grand garçon.
2. Brest est une ville bretonne.
3. Le lapin chasseur est une vieille recette.
4. Marseille est une ville industrielle.
5. «La Tour d'Argent» est un bon restaurant.
6. Le Midi est une région chaude.
7. Le Liechtenstein est un petit pays.
8. «Le France» est un gros bateau.
9. Le Cantal est une région pauvre.
10. Caroline est une belle fille.

2. fera, aura, préparerai, apporterai, achèterai, demanderai, prendrai, oublieras, pourra

3. m'occuperai, j'aurai, saurai, chercherai, connaîtras, verras, plaira, j'irai

4. a) partirai, aurai, mettrai, prendrai, aurai besoin, achèterai, fera, donnerai, feront, voudront, verrai, saurai

5. Zahlreiche Varianten möglich.

6. 1. c)
2. a) Aufheiterung
   b) Nebel
   c) Schnee
3. a) au sud des pays de la Loire et dans le Midi
   b) dans le Nord et en Bretagne
   c) dans l'Est
   d) en Bourgogne, dans le sud du Massif Central, dans le Sud-Ouest et dans le Languedoc-Roussillon
4. pluvieux
5. a) Il y aura d'abord du brouillard puis le temps sera pluvieux et orageux.
   b) Dans la journée: 7 à 9°; l'après-midi: 17 à 19°
6. ▲ Sur la région parisienne, le Nord et l'Est, il y aura des nuages mais aussi des éclaircies pendant la journée. En Bretagne, dans les pays de la Loire et le Sud-Ouest, il pleuvra beaucoup. Sur le Massif Central on verra des orages. Il y aura du soleil dans tout le sud du pays, de Nice à Perpignan, et en Corse, mais il y aura du vent dans la vallée du Rhône. Seule la Bourgogne restera dans le brouillard.

7. b)

8. a) le plus beau, la plus haute, les plus profondes, la plus forte, les plus grandes villes (ou les villes thermales les plus connues)

9. 1. vallées 2. Puy 3. rivière 4. érosion 5. cratère 6. gorges 7. volcan 8. Ardèche 9. Auvergne

10. 1. 2 grandes parties
2. «C'est en Auvergne que ...»
3. Gipfel, Thermalquelle, reine Luft, Wald, See, Freiluft, Angeln, Pferd
5. a) 11 à 35: altitudes de 200 m à 1900 m, relief, vallées en étoile, massifs, sites les plus divers, tous les types de paysages, volcans, parc
   b) 35 à 40: centre de thermalisme, dix grandes stations thermales, bilan de santé
   c) 41 à 52: lacs, eau, piscines, rivières, baignade, sports nautiques, ski alpin, ski de fond, ski de randonnée, stations de sports, centres de ski.

11. Mesdames, Messieurs,
▲ J'aimerais suivre cet été des cours de français dans votre université. J'aurais besoin de quelques renseignements. Je voudrais savoir combien ils coûtent et combien il y a d'heures de cours par jour. Je n'apprends le Français que depuis deux an; est-ce que vous avez des cours de ce niveau? Pourriez-vous m'indiquer aussi s'il y a des possibilités de trouver une chambre près de l'université et quel en est le prix. J'aimerais enfin savoir quelles activités culturelles sont organisées par l'université ou la ville de Caen pendant la période des cours.
En attendant votre réponse, je vous prie d'agréer, Mesdames, Messieurs, l'expression de mes sentiments distingués.

5

1. a) 1F – 2V – 3V – 4F – 5F – 6V – 7F – 8F
b) 1F – 2F – 3V – 4F – 5F – 6F – 7V – 8F

2. Travaux ménagers: 1, 3, 6, 7, 11
Autres travaux: 2, 4, 5, 8, 9, 10, 12

3. 1. veuillent 2. soit 3. fasse 4. soient 5. puisse 6. aille 7. rangiez 8. sache 9. veuilles 10. ait

4. 1. est, aient 2. soit 3. ait 4. fasse 5. plaît, sache 6. soit, ait 7. a 8. vont

5. a) 1. Je me suis levée ...
2. Je me suis ... habillée ...
3. J'ai bu ...
4. Je suis sortie ... qui est parti ...
5. Je suis arrivée ...
6. Je n'ai pas eu ... : j'ai rencontré ...
7. ... j'ai regardé ...

6. n'était pas, avons trouvé, connaissaient, a plu, était, avait, il a fallu, habitions, fermait, soldait, avons acheté, nous sommes installés, avons regretté

7. Zahlreiche Varianten möglich.

8.

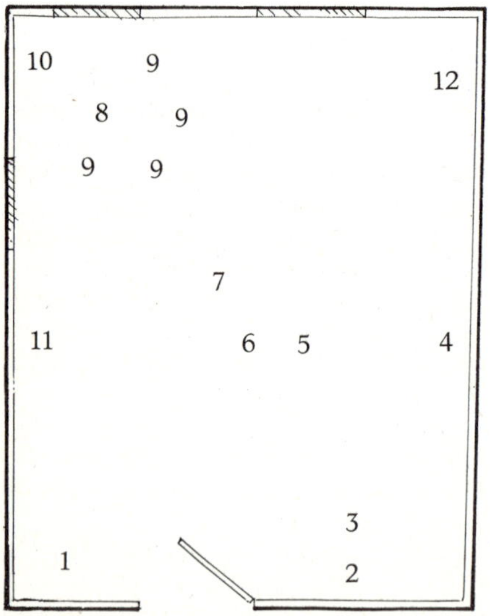

9. 1V – 2V – 3F – 4F – 5V

10. Zahlreiche Varianten möglich.

6

1. 1. bourguignonnes 2. de la Provence 3. de la Corse 4. du Périgord et de l'Aquitaine 5. flamandes 6. gasconnes 7. de la Bretagne ou bretonnes 8. alsaciennes 9. de l'Auvergne

2. Ordre des images: 9, 6, 1, 12, 3, 5, 2, 11, 7, 8, 4, 10
Il faut: 200 g de farine, 100 g de beurre, 2 cuillères d'huile, une pincée de sel, un peu d'eau.
On travaille la pâte avec les doigts.
Il faut: 125 g de lard, un pot de crème fraîche, 3 œufs, du sel, du poivre.
On met le lard sur la pâte. On verse le mélange. On fait cuire à four moyen, environ 40 minutes.

3. 1. pâté 2. gruyère 3. gratin 4. limonade 5. sucre 6. gigot 7. huile 8. agent de police

4. 1. Il est 9h. Gilles vient de laver la voiture et il est en train de réparer son vélo. Dans une heure, il va faire le jardin.
2. Il est 10h45. Janine vient de faire les courses et elle est en train de préparer le repas. Dans 3 heures, elle va aller chez le dentiste.
3. Il est 21h30. Nous venons de dîner et nous sommes en train de regarder un film à la télé. Dans une demi-heure, nous allons nous coucher.
4. Il est 8h. Eric et Michel viennent de faire du footing et ils sont en train de prendre une douche. Dans une heure, ils vont aller en ville.
5. Il est 21h. Vous venez de rencontrer un(e) ami(e) et vous êtes en train de regarder un film au cinéma. Dans une heure, vous allez dîner au restaurant.

5. 2. ... que vous laissiez votre adresse à vos parents.
3. ... que vous preniez un dictionnaire.
4. ... que vous vérifiez la pression de vos pneus.
5. ... que vous fermiez bien toutes les fenêtres.
6. ... que vous alliez chez le coiffeur avant de partir.
7. ... que vous emmeniez votre carte verte.
8. ... que vous achetiez une carte routière de la région.
9. ... que vous arrêtiez le frigo.

6. 1. Ils ont une réputation d'amateurs et de connaisseurs.
2. Parce qu'ils ne savent pas répondre aux questions qu'on leur pose sur les vins.

7. 1. est dirigée 2. sont mises, sont retirées 3. sera gardée 4. a été acheté 5. va être présenté 6. était organisé 7. a été mise 8. a été suivi

8. 1. Les contremaîtres boivent plus de vins courants que les professions liberales.
2. Les cadres supérieurs boivent moins de café que les agriculteurs.
3. Les ouvriers qualifiés boivent plus de bière que les gros commerçants.
4. Les ouvriers spécialisés boivent moins d'apéritifs que les contremaîtres.
5. Les agriculteurs boivent moins d'eaux minérales que les cadres moyens.
6. Les cadres supérieurs boivent plus de vins fins que les cadres moyens.
7. Les petits commerçants boivent moins de thé que les employés de bureau.
8. Les gros commerçants boivent moins de whisky que les cadres supérieurs.

9. Ils mangent de plus en plus de matières grasses, de sel et de sucre.
Ils mangent de moins en moins de pain, de pommes de terre et de légumes secs.
Ils mangent de plus en plus de viande et de produits laitiers.

10. 1. Les repas n'ont plus qu'un plat principal: ils duraient trop longtemps, étaient trop chers et avaient trop de calories.
2. Le grignotage, c'est-à-dire qu'on mange un peu toute la journée.
3. Sûrement pas.

11. 1. La vie des femmes qui passent moins de temps dans la cuisine.
2. Pour les fêtes et les anniversaires.
3. Pour les repas de fête, on prend son temps et on ne fait pas attention à l'argent qu'ils coûtent.
4. Pour les repas de fête, les hommes font quelquefois la cuisine; les femmes essaient de préparer une belle table ou de faire des menus spéciaux, exotiques.

12. 1F - 2V - 3V - 4F - 5V - 6F - 7F - 8V

7

1. 1. compter 2. embêtante 3. complicité 4. refuge 5. l'insouciance 6. baisers 7. rendez service 8. persévérer

2. 1. Je trouve chouette (Ça m'énerve) - fasse
2. Ça m'ennuie - coupe les vivres
3. Elle trouve super (Ça ne me plaît pas) - s'occupe
4. Je trouve chouette (Elle trouve super) - nous entendions
5. Ça m'énerve - accueilles
6. Ça m'énerve (Ça ne me plaît pas) - écoutiez
7. Vous détestez - sorte
8. Ça le dérange - fassent

3. 2d - 3f - 4a - 5b - 6e - 7i/j - 8i/j - 9g - 10k - 11h

4. quelqu'un, tous, chacun, personne, tout le monde, certains, d'autres, rien

5. de plus en plus, le plus, de plus en plus, plus de, plus de, plus de, moins d'

6. 1. ayant 2. étant 3. ne voulant pas travailler 4. accueillant 5. servant 6. fondant 7. créant

7. 1. C'est un choix personnel.
2. Parce que avoir des enfants n'est pas un problème d'argent et que les aides de l'Etat ne remplacent pas un salaire.
3. Si les mères ont envie d'avoir un autre enfant mais hésitent à arrêter de travailler, ces aides peuvent les aider à prendre une décision. Mais si elles n'en ont pas envie, cela ne sert à rien.
4. Les gens qui voient vivre les familles de trois enfants ont souvent envie aussi d'en avoir trois, c'est l'exemple. La vie avec trois enfants est différente.
5. Oui, tout à fait.

8. 1. Au profit de la famille.
2. On peut s'arrêter trois ans.
3. Non, on garde tous ses droits, on ne perd pas son travail.
4. Il faut avoir trois enfants. Donc on touche l'allocation à partir du troisième.
5. Quand on reprend son travail, parce qu'il faut faire garder son enfant.
6. L'Etat aide tout le monde à fonder une vraie famille avec des enfants.

9. La famille-alliance:

1. On respecte le groupe familial, même si on ne s'aime plus.
2. On n'a pas de relations sexuelles sans être marié.
3. On doit avoir des enfants.
4. L'homme travaille.
5. La femme reste à la maison.

La famille-fusion:

1. L'amour est très important.
2. On peut vivre ensemble sans être marié.
3. enfant = désir
4. Tout est en commun.
5. On divorce si on ne s'aime plus.

La famille spontanée:

1. On recherche un amour intensif.
2. Chacun garde son autonomie.
3. On préfère vivre en union libre.
4. Il n'y a pas de rôle homme/femme précis.
5. On irait même jusqu'à souhaiter que les hommes aient les bébés.

La famille mono-parentale:

1. On préfère rester seul que vivre médiocrement.
2. C'est un choix difficile pour une femme; elle ne peut plus changer d'avis.
3. Certaines ont fait ce choix parce qu'elles ne veulent vraiment pas se marier.
4. Maintenant beaucoup pensent que les enfants ont besoin de leur père.

10.
1. belles-mères/belles-filles/petits-fils/week-ends
2. après-midis/hit-parades
3. self-services
4. petites-filles/deux-pièces/lave-vaisselle/micro-ondes/jeunes filles

11.
1. Elle est très bonne, idyllique; ils s'aiment beaucoup.
2. Elle voudrait se marier mais lui ne veut pas parce qu'il a peur du mariage et même d'une union libre. Il ne veut surtout pas d'enfant.
3. Elle est un peu perdue, elle ne sait pas comment réagir. Elle aime beaucoup son ami mais elle voudrait fonder une famille. Elle demande un conseil.

8

1.

											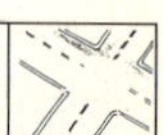
1. Meursault	×	×		×		×	×	×			
2. Beaune	×		×	×		×	×				×
3. Saulieu	×		×	×	×	×				×	×
4. Flavigny-sur-Ozerain				×	×			×		×	
5. Montbard		×	×					×	×	×	×

2. 2. Migennes:
- «L'eau et la rivière» (photos)
- tout l'été
- tous les jours
- de 10 à 19 heures
- 86.80.34.42

3. Auxerre:
- «Ma ville» (peintures, sculptures)
- 1er au 15 octobre
- tous les jours, sauf le mardi
- de 14h30 à 19 heures
- 86.52.33.96

4. Avallon:
- «Avallon et les années vingt» (photos)
- 1er juillet au 20 septembre
- du lundi au vendredi
- de 9 heures à midi et de 14 à 18 heures
- 86.34.17.55

5. Vézelay:
- «Une maison d'un autre temps» (exposition de meubles)
- 1er juin au 30 octobre
- tous les jours, sauf lundi
- de 10 à 12 heures et de 14 à 18 heures, le samedi jusqu' à 20 heures
- 86.33.20.66

3. 1b – 2b – 3c – 4a

4. a) le tunnel, la vitesse, l'autoroute, la ligne de chemin de fer, les constructeurs, les locomotives, les roues, la circulation, les ingénieurs, la construction, les pelleteuses
b) les escargots, le soleil, la vallée, les monts, la région, la montagne, la campagne, le pays

5.
- 400 grammes de carottes
- 2 poireaux et 2 petits oignons
- 2 ou 3 feuilles d'estragon frais
- 1 litre d'eau
- 50 grammes de beurre
- de la crème fraîche
- du sucre, du sel et du poivre

Coupez – Hachez – dans le beurre – les autres légumes – pendant dix minutes – l'eau très chaude – un quart d'heure – goûtez – une petite cuillère – fraîche – servir

6.

						11.								
1.				V	R	A	I	M	E	N	T			
2.						B	I	E	N					
3.				J	U	S	T	E	M	E	N	T		
4.					D	O	U	C	E	M	E	N	T	
5.		C	O	M	P	L	E	T	E	M	E	N	T	
6.			A	C	T	U	E	L	L	E	M	E	N	T
7.						M	A	L						
8.		H	E	U	R	E	U	S	E	M	E	N	T	
9.				C	O	N	S	T	A	M	M	E	N	T
10.	A	T	T	E	N	T	I	V	E	M	E	N	T	

7. 1. autre, autrement 2. juste, justement 3. seul(e), seulement 4. douce, doucement 5. complètement, complet 6. mal, mauvais

8. 1. 145.000 habitants 2. La porcelaine et les émaux 3. Le commerce de la viande 4. A l'hôtel de ville de Limoges 5. Depuis le XIIe siècle 6. Au Musée municipal de Limoges

9. sommes allés (arrivés), avons dîné, avons passé, sommes partis, avons fait (suivi), était, avons visité, avons vu, sommes partis, avons visité, sommes rentrés, avait, avons assisté, était, avons visité, avons fait, avait, sommes allés, sommes rentrés (retournés), était

10. 1. vieille 2. vieux, nouveau 3. ancienne, ancien, vieux, vieil 4. jeune, âgé 5. nouvel, anciens, vieil 6. vieil, vieille 7. âgées 8. nouvelle, ancienne, vieux

11. ▲
- Arles: Van Gogh a vécu à Arles où il a fait de nombreuses peintures des paysages de la région. 1988 était l'année Van Gogh.
- St-Lunaire est au bord de la mer. Il y a des falaises. On peut faire de la voile et de la planche à voile.
- Kaysersberg: il y a de jolies maison à colombages et la ville est située sur la Route du vin. Le Dr Schweitzer est né à Kaysersberg.
- Carnac: il y a des menhirs.
- Orléans est situé sur un fleuve (la Loire). Il y a des jardins avec de belles roses. Un grand pont traverse la Loire. Jeanne d'Arc a été à Orléans.
- Carcassonne est dans le département de l'Aude. C'est une vieille ville avec des remparts tout autour.

- Vichy est une station thermale, ouverte toute l'année. Il y a une rivière où on peut faire de la voile.
- Avoriaz-Morzine: on peut y aller en hiver pour faire du ski et en été aussi pour faire des randonnées ou aller à la piscine.
- Menton est une ville sur un mont, il y a une église mais aussi un port de plaisance. Il y a toujours du soleil.
- Hyères est sur la Côte d'Azur. Il y a une église, des palmiers, du soleil, une plage et on peut faire de la voile.

12. Mesdames et Messieurs,
▲ je voudrais passer mes vacances en ... (en Bretagne/Bourgogne, dans le Limousin/ l'Yonne). J'aimerais avoir quelques renseignements sur cette région et sur les curiosités à voir comme les châteaux, les églises etc. J'aurais besoin également d'une liste des hôtels et des restaurants.
Pourriez-vous m'indiquer aussi quelles sortes de loisirs sont possibles dans votre région: sports, stages de tissage, de peinture sur soie, de dessins etc. Si vous avez un programme des activités culturelles (théâtre, concerts, expositions) de cet été, cela m'intéresserait aussi. Je pense qu'on découvre mieux une région avec un groupe: est-ce que des circuits en vélo (en bus) sont par exemple organisés pour des adolescents (des personnes âgées)? Je vous serais reconnaissant(e) de bien vouloir m'envoyer les prospectus nécessaires et je vous en remercie.
En attendant votre réponse, je vous prie d'agréer, Mesdames et Messieurs, l'expression de mes sentiments distingués.

9

1. 1a – 2a – 3b – 4a+b – 5a+b – 6a – 7b – 8a+b – 9a+b – 10b – 11a+b – 12a – 13a+b – 14b

2. 1 F – 2 F – 3 F – 4 V – 5 V – 6 F – 7 F

3.
1. Elle ne boit ni café ni thé.
2. Il ne connaît ni Londres ni Paris.
3. Ne buvez ni vin ni cognac ...
4. Ils ne vont ni au cinéma ni au théâtre.
5. Ils mettent ni foulard ni pull ...
6. Les végétariens ne mangent ni viande ni poisson.

4. toute, tout, tout, toute, toute, tout, tout, tout, toutes

5. a) Argument pour: non-polluant; la vitesse jusqu'à 60 km/h.
Arguments contre: il faut toujours du beau temps; on ne peut faire que 250 km.

6.
1. Parce qu'il a arrêté de fumer.
2. Le briquet du fils ne se recharge plus; celui du père est un briquet comme on n'en fait plus.
3. Parce que les magasins sont pleins
▲ d'articles de toutes sortes.
On aime acheter de nouvelles choses.
Souvent c'est moins cher.

7. Zahlreiche Varianten möglich.

8. 1. revient 2. retrouver 3. refaire 4. Recommence 5. retravaille 6. re-descendre 7. reprend

9.
1. Utilisez votre cendrier.
2. Ne jetez jamais vos cigarettes sur la route.
3. Ne coupez pas de fleurs ni de branches en grosses quantités.
4. Ne faites jamais de feu.
5. Préparez vos repas dans les terrains de camping.
6. Ne quittez pas les petites routes et les chemins.
7. Ne marchez pas sur les jeunes plantes.
8. Ne laissez jamais vos déchets derrière vous.
9. Emmennez-les avec vous.
10. Contrôlez bien autour de vous avant de repartir.

10.

17) VIVRE C'EST POLLUER

1) VERTS
2) BOIS
3) MODE DE VIE
4) ARBRES
5) ANNEAUX DE CROISSANCE
6) DECALAGE
7) INCENDIE DE FORET
8) RESINEUX
9) CODE FORESTIER
10) SPECIALISTE
11) EMISSIONS TOXIQUES
12) LIGNITE
13) MAL DES FORETS
14) SOUFRE
15) CHEMINEE
16) RECHERCHES

11. Zahlreiche Varianten möglich.

10

1. a) *1er janvier:* on s'embrasse et on présente ses vœux à ses parents, amis etc. pour la nouvelle année.
Mardi-Gras: on prépare des crêpes et on les mange.
1er avril: on fait des farces à tout le monde.
Pâques: c'est la fête de la résurrection du Christ. On offre des chocolats.
14 juillet: c'est la fête nationale française. Il y a des défilés, des bals, des feux d'artifice.
Toussaint: c'est la fête des morts. On va mettre des fleurs sur les tombes.
11 novembre: on fête l'armistice, la fin de la guerre de 1914–1918. Il y a des défilés et des discours.
Noël: c'est la fête de la naissance du Christ, c'est une fête de famille, on offre des cadeaux, surtout des jouets aux enfants.

2. ▲ Quelques arguments possibles (vous pouvez en trouvez d'autres):
<u>pour:</u> c'est normal que les mères aient leur fête. Elles travaillent beaucoup pour toute la famille, s'occupent de la maison, des enfants et de leur éducation, font à manger etc., même si elles sont malades ou ont un métier. Il faut les remercier pour tout ce qu'elles font, pour leur amour, leur gentillesse. Une fois par an au moins, il faut leur montrer qu'on est reconnaissant;
<u>contre:</u> si on pense qu'il faut être reconnaissant à une mère de famille, cela ne suffit pas de lui consacrer une journée. C'est toute l'année qu'il faut la remercier. Une journée pour toute une année de travail, d'amour, ce n'est pas assez.
La fête des mères est une invention commerciale pour vendre des cadeaux. D'ailleurs, on lui offre souvent des appareils ménagers, pour encore mieux travailler!

3. Pâques

4. a) 1. inviterait 2. ferait 3. organiserait
4. proposerait
b) 1. travaillait/dormirait 2. attrapait/ferait
3. pleuvait/sortirait 4. étaient/chanterait

5. 1. Les commissions ont été faites par Paule.
2. Le rôti a été acheté par Charles.
3. Les vins ont été choisis par Jacob.
4. La recette du dessert a été proposée par Jeannette.
5. Le persil et les oignons ont été hachés par Christine.
6. Le lard a été coupé par René.
7. La salade a été lavée par Dominique.
8. Les blancs d'œufs ont été battus par Martine.
9. Et l'apéritif a été offert par Guy.

6. Zahlreiche Varianten möglich.

7. 1. Weihnachten wird in der Familie gefeiert.
2. Am Muttertag lassen sich die Mütter oft von ihrem Mann und ihren Kindern bedienen.
3. Spielzeuge verkaufen sich besonders gut in der Weihnachtszeit.
4. „Ein gesundes neues Jahr" wünscht man sich zum neuen Jahr.
5. Nach Ostern werden die Schokoladeneier zum halben Preis verkauft.
6. Laß dir bloß nichts aufdrängen: auch wenn dieses Jahr Schwarz viel getragen wird – diese Farbe steht dir nicht.
7. Die Tannenbäume aus den Vogesen werden in die ganze Welt exportiert.
8. Das Neujahrsmenü bestand aus acht Gängen.

8. est réunie, sont convoqués, sont accompagnées, sont ouverts, est prêté, sont rassemblées, est renvoyé, est formé, est créée, est attaqué, sont prises, est prise, sont renvoyées, sont abolis, est votée, sont ramenés.

9. né le: 23 août 1754
à: Versailles
mort le: 21 janvier 1793
roi de France de: 1774 à 1792
qualités physiques: grand – gros – sportif
caractère: bon – moyennement intelligent – cultivé
attitude avant la révolution: fait avec conscience son métier de roi; ne sait pas prendre de décisions; hésite trop souvent à faire des réformes.
attitude pendant la révolution: finit par reconnaître la Déclaration des Droits de l'Homme. Mais plus tard, appelle l'aide de l'étranger.
Les dernières années de sa vie:
- 21 juin 1791: il veut fuir mais est rattrapé à Varennes,
- 10 août 1792: il est enfermé à la prison du Temple.
- 17 janvier 1793: il est condamné à mort.
- 21 janvier 1793: il est guillotiné.

10. 1. Ils sont tous morts sur la guillotine.
2. Ils étaient tous avocats et ils sont morts en 1794.
3. Desmoulins et Olympe de Gouges.
4. Olympe de Gouges.
5. Robespierre.
6. Organisateur des manifestations et de l'arrestation du Roi.
7. Du 12 au 14 juillet, il a été l'un des principaux agitateurs.
8. Elle était féministe.
9. Il a fait guillotiner beaucoup de personnes.
10. Olympe de Gouges.

11. 1 V – 2 F – 3 V – 4 F – 5 V – 6 V – 7 F – 8 F